다른 시대를 열어갈 이야기.

거침없이 우아하게, 여기 젠더살롱에서!

거침없이
우아하게
젠더살롱

**거침없이
우아하게
젠더살롱**

2023년 12월 22일 초판 1쇄 인쇄
2023년 12월 29일 초판 1쇄 발행

지은이   박신영
펴낸이   조시현
편 집   한홍

펴낸곳   도서출판 바틀비
주 소   서울시 마포구 동교로8안길 14, 미도맨션 4동 301호
전 화   02-335-5306
팩시밀리   02-3142-2559
출판등록   제2021-000312호

홈페이지   www.bartleby.kr
인스타   @withbartleby
페이스북   www.facebook.com/withbartleby
블로그   blog.naver.com/bartleby_book
이메일   bartleby_book@naver.com

거침없이
우아하게
젠더살롱

—·•❈•·—

역사와 일상에 깊이 스며 있는
차별과 혐오 이야기

박신영 지음

바틀비

다른 시대를 열어갈 이야기,
젠더살롱

이야기는 힘이 세다. 고대의 왕들이 치수治水 사업을 통해 권력을 획득하고 유지했듯, 기득권자들은 이야기를 통해 사람들을 지배한다. 큰 강의 물길을 바꾸어 원하는 방향으로 흘러가게 하듯, 사람들의 생각이 한쪽으로만 기울어지도록 관리하는 것은 자신도 모르게 지배 집단에 유리한 방향으로 말하고 행동하도록 만들기 위해서다.

"죽이지 마라! 성폭행하지 마라! 차별하지 마라!"를 외치는 여성들에게 "남자들을 잠재적 가해자로 몰지 마라!"라고 반응하는 남성들이 많은 현상은 매우 흥미롭다. 약자 집단을 차별하여 지배하는 방식 중 하나는 '잠재적 가해자'로 몰아서 '스스로 알아서 기게' 하는 것이다. 결국 잠재적 가해자로 몰지 말라는 말은 '우리를 여자들처럼 2등 인간으로 취급하지 말라'는 뜻이다.

그러므로 법적, 제도적 성차별이 거의 사라진 지금, 이야기를 통해 여성들을 '잠재적 가해자'로 몰아가는 방식에 주목할 필요가 있다. "암탉이 울면 집안이 망한다"는 속담부터 여자는 재수 없다는 속설에다 요즘은 남자들이 더 살기 힘들다며 역차별 운운하고 있지도 않은 집게손 망상까지, 다양한 이야기로 일상에서 은은하게 세뇌하여 사람들이 성차별 문화에 젖어들도록 하는 바로 그 방식!

바다에 오염된 강물이 도달한 원인을 알아보려면 강의 상류 지역을 살펴봐야 하듯, 지금의 잘못된 현실이 어떻게 형성되었는지 추적하려면 역사의 강을 거슬러 중세, 고대를 살펴봐야 한다. 그러면 당연한 듯 전해지는 여성 혐오에 별 근거가 없음을 알 수 있다. 그런 이야기를 굳이 지어내서 전하는 이유를 따져보면 불명확해 보였던 차별의 구조가 뚜렷해진다. 내가 역사와 이야기의 유래를 추적하는 글을 쓰는 이유다.

나는 이 책이 비상 구급약이 되길 바란다. 요즘 젊은 여성들이 우울증을 많이 앓고 자살률이 높아진 이유가 성차별 현실에 있다고 생각하기 때문이다. 2010년대 중반 이후 젊은 여성들의 의식은 급격히 깼지만, 다른 세대와 성별의 사람들은 이에 따르지 못한다. 구조적 성차별은 없다는 말은 매우 위험하다. 엄연히 있는 차별에 좌절하는 여성들을 인성이나 성격적 결함이 있는 개인으로 몰아가기 때문이다. 외부의 문제인데 자기에게서 원인을 찾으려 들면 병이 날 수밖에 없을 것이다. 학교에서 배운 것과 현실이 너무도 다르고, 나를 사랑한다는 사람들조차 나를 2등 인간으로 취급하고, 이에 항의하면 나쁜 년으로 몰리니, 아프지 않고 버틸 수가 없다. 부디 여기 실린 글을 복용하고, 차별과 억압의 구조를 파악한 후 사회적 차원과 개인적 차원으로 나눠서 산뜻하게 대처하길 권한다.

역사는 나선형으로 발전하기에 구조 자체가 바뀌기까지는 오랜 시간이 걸린다. 사람들이 모두 같은 시대에 살고 있는 것은 아니다. 여성을 자유민과 노예의 중간, 인간과 가축의 중간으로 여기는 고대 가부장의 망탈리테를 가진 사람도 지금 21세기 내 옆에 살고 있는 것이 현실이니, 시간과 에너지를 낭비하면서 성차별주의자들을 일일이 설득할 필요는 없다. 개인을 미워하거나 자신을 탓하느라 너무 힘들어하지 말고, 정리할 관계는 거침없이 정리하고 자기 인생에 우아하게 집중했으면 좋겠다. 내가 앞서 길을 내준 선배 여성들 덕을 보았듯, 나 역시 그런 언니가 되고 싶다. 뒤에 오는 여성들이 꽃길을 걸을 수 있도록 꽃씨를 심는 마음으로 이 책을 낸다.

책의 제목은 한국일보의 '젠더살롱' 코너에서 따왔다. 가부장제의 역사를 다뤄보고 싶은 마음이 늘 있었는데, 한국일보사의 제의를 받아 지면을 얻어 총 54회에 걸쳐 글을 쓸 수 있었다. 연재하면서 작가로서 귀중한 경험을 많이 했다. 며칠간 많이 본 기사 상위 랭킹에 오르기도 하고, 살해 협박 메일을 받기도 하고. 응원하는 댓글에서는 계속 글을 쓸 힘을 받았고, 분노한 남자들의 댓글에서는 다음에 쓸 소재를 얻었다.

실전용 지침서 성격으로 책을 만들어보자는 출판사의 제안으로 이 책에는 20회 분량만 실었다. 게재된 후 반응이 좋았던 글을 골라 더 다듬고 가부장제가 이야기로 지배하는 방법, 일상에서 차별과 혐오가 작동하는 구조를 파악할 수 있도록 구성했다. 출간을 앞둔 2023년 11월 현재, 짧은 머리 여성을 페미니스트라며 폭행하는 사건과 메갈 집게손 소동이 다시 일어나는 것을 보니 이 책이 할 일이 많다는 생각이 든다.

2년 넘게 연재할 기회를 주신 한국일보사와 전작 《제가 왜 참아야 하죠?》에 이어 멋진 단행본으로 만들어주신 바틀비 출판사, 그동안 댓글과 메일로 적극적인 의견을 주신 애독자님들의 다정한 응원에 감사드린다.

모두 모여 다른 시대를 열어갈 이야기를 나눠보고 싶다.
거침없이 우아하게, 여기 젠더살롱에서.

2023년 12월
박신영

1부

결혼할 때 남자가 집 장만하는 것은
오히려 여성 차별?

"백마 탄 왕자를 기다리는 한심한 여자."

"결혼할 때 여자는 비용이 적게 든다. 남자는 집을 마련해야 한다. 이것도 남성 차별이다."

여성은 남성에게 빌붙어 편히 살면서 무엇이 불만이냐며 성차별주의자들은 이렇게 말하곤 한다. 역사 덕후로서는 들을 때마다 어이가 없다. 백마 탄 왕자들이 떠돌아다니는 이유와 결혼할 때 남자가 집을 마련하는 이유는 상속의 역사라는 측면에서 이해해야 하기 때문이다.

근대 이전 유럽에는 작은 나라들이 많았다. 영주 부모들은 첫째 왕자에게 작위와 영토를 물려주고 다른 왕자들은 알아서 살도록 했다. 장남으로 태어나지 않았지만 왕이 되고 싶다면? 여왕이 될 외동 공주나 왕자가 없는 왕가의 첫째 공주와 결혼하여 공동 왕이 되는 방법이 있다. 그러기에 장남이 아닌 왕자들은 조건이 좋은 공주를 찾아 백마를 타고 떠돌아다녔다. 《잠자는 공주》에서 그렇게나 많은 왕자가 공주를 구하기 위해 몰려드는 이유는 부잣집에 장가들어 편히 놀고먹기 위해서였다. 결국 상대방에 빌붙으려는 쪽은 여성이 아니라 남성이었다. 이상이 중세 유럽사와 상속 제도의 역사를 통해 알아낸 백마 탄왕자의 역사적 실체다.

상속제는 한 가문과 집단의 생존 전략이기에 시대나 지역, 문화권에 따라 다른데, 크게 단독 상속제와 균분 상속제(분할 상속제)로 나뉜다. 균분 상속제는 자손 모두에게 생존을 위한 자원을 공평하게 배분한다. 이 방법은 후대로 갈수록 문제가 생긴다. 왕가의 경우, 모든 왕자에게 영토를 n분의 1씩 나눠주면 몇 대 안 가서 일국의 왕은 양촌리 이장님이 되어 영향력을 잃어버린다. 재산이 얼마 없는 평민 집안인 경우, 늙고 병든 부모를 어느 자식도 돌보지 않을 수 있다. 어차피 형제 수대로 나눠서 상속받을 것이고, n분의 1을 상속받아봤자 얼마 되지도 않으니 말이다. 이런 문제를 극복하기 위해 한정된 토지에 의존하던 근대 이전에는 많은 지역에서 단독 상속제를 선택했다. 맏아들에게 땅과 집, 지위를 모두 상속해주는 장자長子(맏아들) 상속제가 대표적이다.

장자 상속제가 유럽사에 미친 영향은 크다. 상속에서 제외된 귀족 집안의 둘째 아들은 추기경 등 고위 성직자가 되고, 셋째 아들은 용병대장이 되곤 했다. 고위 성직자들과 용병대장들은 유럽 내 분쟁에 참가하여 역사를 바꾸어놓는다. 유럽 내에서 인생을 개척하던 장남 아닌 아들들은 인구 증가에 따라 유럽 외 지역으로도 진출한다. 십자군전쟁에 참여한 기사들도 장남이 아닌 아들이 대부분이었다. 신앙심 외에도 스스로 영지를 마련하려는 참전 동기가 있었던 것이다.

대항해시대가 되면 이런 흐름은 뚜렷해진다. 에스파냐 통일전쟁이 끝난 후 실업자가 된 기사들은 배를 타고 바다 건너 북아프리카와 남아메리카로 간다. 영국의 경우 해군 지휘관으로 성공한 이들 중에는 청교도 귀족 집안의 차남 출신이 많다. 이들은 작위를 물려받지 못하자 하인을 데리고 미국 남부나 서인도제도로 이주하여 대농장을 건설해 영주 행세를 하기도 했다. 그 후로도 이들의 딸과 결혼하고자 구혼 여행을 떠난 자들 때문에 백마 타고 떠돌아다니는 왕자 이야기는 계속 생겨났다.

한편 땅을 상속받지 못한 평민 아이들은 상공인이 되어 길드를 조직하고, 젠트리 계급의 차남들은 산업혁명을 주도하여 자본주의 발전에 기여했다. 상속에서 배제되었기에 다른 곳에서 자신의 운명을 개척한 이들의 역사는 유럽 세력의 팽창과 식민지 침략 사업, 자본주의 발달과 제국주의와 맞물려 세계사가 된다.

단독 상속제에는 말자末子(막내아들) 상속제도 있는데, 가축이 먹을 풀을 찾아 떠돌아다니는 유목 문화권에 많다. 부모의 겔(텐트)에서 태어나 자란 아이들은 성장하면 차례로 결혼하여 독립한 후, 다른 풀밭을 찾아가서 겔을 짓고 가축을 키우며 산다. 이때 부모의 가축 중 일부를 미리 나눠 받는다. 막내아들은 나이가 들어도 떠나지 않고 부모의 겔에서 살며 부모를 보살피다가 겔과 가축을 물려받는다. 말자 상속제에는 부모는 사망할 때까지 재산과 권위를 유지하며 아들의 봉양을 받을 수 있고, 막둥이는 부모의 보호를 오래도록 받다가 안전하게 유산을 받는다는 장점이 있다.

단독으로 상속받은 자에게는 부모를 봉양하고 형제들의 생계를 도울 의무가 있다. 《흥부전》에서 흥부 가족을 돌보지 않은 놀부가 벌을 받는 이유가 여기에 있다. 주된 상속에서 배제되었다고 해서 아무것도 받지 못하는 것은 아니다. 작은 선물이나 보상금을 받는다. 그래서 《장화 신은 고양이》에서 가난한 방앗간 주인이 사망한 후 첫째 아들은 방앗간을 물려받은 반면, 주인공인 셋째 아들은 겨우 고양이 한 마리만 받은 것이다. 딸이라면 결혼할 때 지참금이나 혼수의 형식으로 유산을 미리 받는다. 유럽사에서 왕가의 결혼으로 국경이 바뀌곤 했던 것은 공주가 친정 나라의 영토 일부를 지참금으로 가지고 다른 나라 왕가로 시집갔기 때문이다.

우리나라의 경우를 보자. 원래는 딸아들 차별 없는 균분 상속이 보편적이었다. 상속에서 여성을 배제하고 맏아들을 우대하기 시작한 것은 조선 후기, 약 17세기부터였다. 원인은 인구 증가였다. 재산을 균분하면 모두 가난해지기 때문에 가문의 존속을 위해서 장자 상속으로 변했건만, 온갖 차별의 이론은 장자 상속과 여성 차별을 합리화하는 방향으로 꿰맞추어졌다. 맏아들은 제사를 모신다는 이유로 우대를 받고 부모 사후에 상속받았다. 제사 자체가 그렇게나 중요하다면 아들이 없으면 딸에게라도 물려주어야 하는데, 그렇게 하지 않는다. 굳이 부계 혈족에서 양자를 들인다. 딸에게 제사를 물려주면 재산이 딸의 시가로 가기 때문이다. 결국 제사는 핑계고, 남성 혈족 가문의 재산을 지키기 위해서였다. 이렇게 여성은 제사를 핑계로 상속에서 배제되고 차별받았다. 결혼할 때 부모가 해주는 혼수가 공식적으로 받는 상속분의 전부였다.

장자 상속 관행은 근대 상속법으로 성문화되어 이어지다가 1960년 이후 몇 차례에 걸쳐 개정되었다. 맏아들의 상속 지분을 줄이고 다른 아들과 딸, 배우자의 상속 지분을 늘리는 방향이었다. 1991년 이후 현재 상속법에 의하면 배우자는 1.5, 자녀는 1의 비율로 상속받는다.

그럼 지금은 딸아들 차별 없는 균분 상속제의 시대인가? 아니다. 한국의 보통 부모라면 자녀 교육을 마치고 나면 살고 있는 집 한 채 외에 큰 재산은 없기 마련이다. 자녀가 결혼할 때, 부모는 아들에게는 능력껏 집을 해주려고 하지만 딸에게는 취직하여 저축한 돈으로 알아서 혼수를 마련해 결혼하라고 한다. 심지어 모은 돈의 일부를 키워준 값으로 부모에게 주고 가라고 강요하기도 한다. 그런데 아들이 결혼할 때 부모가 집을 해주면, 나중에 균분 상속받을 부모의 유산을 아들만 미리 받는 셈이다. 이는 부모 사후에 딸들이 받을 상속분을 줄이는 행위다. 그러므로 결혼할 때 남자 쪽에서 집 해 가는 풍습은 남성 차별이 아니라 여성 차별이다. 딸을 상속에서 제외하기 위한 차별을 당연하게 여기도록 만들어 가정 내에서 일상적으로 일어나는 성차별을 합리화한다. 조선 시대의 서자 차별을 떠올리면 이해가 쉽다. 같은 아버지 자식이어도 차별받고 상속에서 제외되는 서자 말이다.

상속 제도의 목적은 집단의 생존과 부모의 노후 봉양이다. 조선 후기 이후 단독으로 상속받은 장남에게는 부모를 봉양할 의무가 있었다. 지금의 부모가 아들이 결혼할 때 집을 통해서 미리 상속해주는 것도 봉양을 기대하기 때문이다. 그러나 부모를 직접적으로 돌보는 이는 아들의 배우자다. 부모님 밥상도, 조상 제사상도, 아들이 아닌 며느리가 차린다. 부모님 댁 설거지와 청소도, 부모님 말벗과 간병도 며느리가 한다. 결국 부모는 며느리의 노동력을 사는 대가로 아들에게 집을 해주는 셈이다. 소를 데려와서 밭을 갈게 하기 전에 외양간부터 짓는 셈이랄까.

이상한 일이다. 결혼한 후 여성만 아늑한 방에서 자고 남성은 난방 없는 베란다에서 자는 것도 아닌데, 혜택은 남성도 누리면서 결혼할 때 남자가 집 해 오는 것을 왜 남성 차별이라고 외치는가? 집을 며느리 명의로 해주는 것도 아니고 이혼할 때 시부모가 해준 집을 여성이 가져가는 것도 아니지 않은가? 다시 말하지만, 지금의 결혼 제도에서 남성이 집 해 오는 것은 여성 차별이 맞다. 남성은 배우자인 여성이 일하는 대가로 여자 형제들보다 미리, 더 많이 상속받는다.

아들 없이 딸만 있거나 외동딸을 둔 집안은 어떨까? 딸에게 집을 마련해주기보다는 신랑에게 받으라고 하는 경우가 더 많다. 딸은 결혼 후에도 아들보다 더 정성스레 부모를 돌보는데도, 아들처럼 미리 상속해주지 않는다. 이렇듯 딸은 아들이 없는 경우에도 상속에서 차별받는다.

지금까지 상속제 이야기를 했지만, 상속제 자체가 중요한 게 아니다. 제도야 변하는 것이다. 그보다 차별과 배제의 패턴을 알아차려야 한다. 장자 상속제 시대에 딸은 상속에서 배제되기에 부모가 혼수를 해주었다. 그런데도 "딸 셋이면 기둥뿌리 뽑힌다"거나 "딸은 도둑"이라며 여성이 욕을 먹곤 했다. 균분 상속제 시대가 되었다지만, 여전히 아들은 딸보다 더 많은 유산을 상속받는다. 결혼할 때 부모에게서 집을 받는 방식으로. 그래도 남성 차별이라며 여성이 욕먹는다.

시대와 풍습이 바뀌어도 늘 욕먹는 집단, 차별받으면서도 이 사실을 모르도록 교육받는 집단, 오히려 자신을 차별하는 자들에게 헌신해야 칭송받는 집단. 역사적으로 이런 처지에 놓인 집단을 '약자'라고 부른다.

일하는 여성은
관기가 아니다

어릴 때부터 역사가 좋았다. 세상이 형성된 과정을 알아가는 것이 즐거웠다. 한편 이상하기도 했다. 1894년 갑오개혁 때 신분제가 철폐되었다는데, 왜 여성인 나는 2등 인간 취급을 받을까? 대한민국은 헌법 제11조 1항에 "모든 국민은 법 앞에서 평등하다. 누구든지 성별·종교 또는 사회적 신분에 의하여 정치적·경제적·사회적·문화적 생활의 모든 영역에 있어서 차별을 받지 아니한다"라고 명시한 민주공화국이다. 그런데 왜 사람들은 여전히 조선시대에 살고 있는 것처럼 여성을 차별할까? 고대 가부장들에게 처자식에 대한 생살여탈권이 있었다고 하는데, 지금도 왜 밥을 안 차려주냐며 아내나 어머니를 때려죽이는 남자들이 있지 않은가? 나는 과연 현대, 대한민국에서 살고 있는 것일까?

　역사책을 읽다가 '망탈리테mentalités'라는 개념을 접했다. 역사학자 뤼시앵 페브르는 《16세기의 무신앙 문제》의 머리말에 "각각의 시대는 심성적으로 자기 시대의 우주를 만든다"라고 썼다. 여기서 심성心性은 망탈리테를 번역한 말로, 오랜 기간에 걸쳐 형성된 집단적인 사고방식을 말한다. 그렇다면 내가 성차별주의자들의 말과 행동을 대할 때 마치 타임머신을 타고 조선시대에서 온 사람 같다고 느끼곤 했던 것이 이해가 된다.

　2021년 3월 2일, 제20전투비행단 소속의 여자 중사가 남자 중사에게 성추행을 당한 후 곧바로 부대 상관에게 신고했다. 그로부터 81일 후, 미흡하고 부당한 처리에 절망하여 스스로 목숨을 끊었다. 남자 중사는 자신의 지인이 개업을 축하하는 자리에 회식이니까 참석하라고 여자 중사에게 지시했고, 돌아오는 차 안에서 여자 중사를 성추행했다. 신고를 받은 상관들은 "없던 일로 해주면 안 되겠느냐", "살면서 한 번은 겪을 수 있는 일"이라며 회유하려 들었다. 그리고 피해자인 중사를 다른 전투비행단으로 전출시키고 관심병사로 취급하도록 지시했다. 왜 이렇게 처리했을까? 범죄 사건이 발생하면 피해자를 보호하고 가해자를 벌주는 것이 상식 아닌가? 도대체 동료 여성을 어떤 존재로 여기기에 이렇게 대하는 것일까? 역사를 통해 살펴보자.

　과거에 살았던 여성들은 특정한 직업을 갖지 못했다고 생각하기 쉽다. 그러나 조선시대에도 여성 전문직이 있었다. 그중에서도 궁녀, 의녀, 관기는 일종의 공무원이었다.

　궁녀는 궁궐 내의 여러 일에 종사하는 여성을 가리킨다. 왕의 후궁인 종4품의 숙원 이상을 제외하고, 정5품의 상궁에서 종9품까지였다. 지밀내인은 윗전의 거실과 침전에서 근무했고, 다른 궁녀들은 의복을 만드는 침방, 수를 놓는 수방, 다과를 만드는 생과방, 수라를 만드는 소주방, 빨래를 맡는 세답방, 세숫물과 목욕물을 대령하고 청소하는 세수간 등에서 일했다. 어릴 적 궁에 들어와 상궁의 지위까지 오르는 데는 30년 정도 걸렸다. 그렇지만 왕과 성관계가 이루어지면 바로 상궁으로 승진할 수 있었다.

　의녀는 질병 치료를 담당했다. 간호사와 조산사의 역할도 했다. 조선은 남녀 간의 내외가 엄격했기에, 관청의 여종들 중에서 의녀를 선발하여 교육한 후 여성 환자를 치료하게 했다. 그러나 여성의 의술을 신뢰하지는 않았기에 환자의 증세를 관찰하는 일은 의녀가 하고, 처방은 밖에서 대기하고 있던 남자 의

원이 내렸다. 의녀의 역할은 연산군이 연회에 기녀뿐만 아니라 의녀까지 동원하면서 크게 변질되었다. 의녀가 '약방 기생'이라 불리기도 한 이유다. 의녀는 수사관의 역할도 했다. 역시 내외법 때문에 여성 범죄자를 상대할 전문 인력이 필요해서였다.

기녀, 기생은 원래 의약이나 침선, 가무, 악기 연주 등 특별한 기능을 가진 여성을 가리켰는데, 곧 창기의 개념으로 변해갔다. 관기는 관청에 소속되어 가무와 기악을 담당하는 여성으로, 서울에 거주하는 경기와 지방 관청에 있는 지방기로 나뉜다. 경기는 궁중 잔치에, 지방기는 지방 수령을 위한 잔치에 동원되었다. 관기는 점차 출신지가 아닌 지역이나 변경에 부임한 사대부를 수발들고 성적 파트너가 되는 역할까지 맡았다.

궁녀, 의녀, 관기는 전문직 공무원이었지만 좋은 대우를 받지 못했다. 기술직을 천시하던 시대인 탓도 있지만, 이들 대부분이 천한 신분 출신인 데다가 남성들에게 성 노리개 취급을 받았기 때문이다. 전문 분야에서 일하는 여성인데도 기본 소임 외에 성적으로 남성들에게 이용당하는 것이 부차적 임무로 맡겨졌다는 점에 주목하자. 궁녀는 잠재적으로 왕의 성적 파트너였고, 의녀는 약방 기생이라 불리며 궁궐 내는 물론 궁 밖 고관대작들의 잔치에도 차출되었다. 관기는 관청 일 외에도 남성 관리들의 수청을 들어야 했다. '수청守廳'은 원래 '관청 일을 본다'는 뜻이다. 《춘향전》에서처럼 사또에게 성 착취를 당하는 것이 관청 일을 하는 것이었다니, 놀랍다.

전문직 여성들에게 기본 임무 외에 성적 서비스까지 요구하던 조선시대 남성들의 망탈리테는 근대에도 이어진다. 개화기를 거쳐 일제 강점기에 근대적 직업여성들이 등장한다. 전화교환수, 극장 매표원, 백화점 직원, 상점 직원, 엘리베이터 걸 등 서비스직에서 일하는 여성들은 모두 남성들의 성희롱에 시달렸다. 공장에서 일하는 여성들은 일본인 남자 노동자의 4분의 1밖에 안 되는 급여를 받으며 일본인 감독과 조선인 동료 남성의 성폭력까지 견뎌야 했다. 남성들은 "여자가 집 밖에 나와 일할 때는 이런 일은 예상했던 것 아니냐"며 노동하는 여성들을 성적 상대로 대하고 성희롱, 성추행, 성폭력을 저질렀다.

그러나 사회는 인간에 대한 폭력 문제를 여성의 정조 문제로 여겼다. 오히려 피해 여성을 탓하며 여성들을 더욱 단속했다. 1935년 2월 3일 자 〈조선중앙일보〉를 보자. 직업 부인의 성공 조건으로 "남자들이 잡생각 하지 못하도록 항상 주의하시는 분"이라고 쓴 대목에서 당시 사람들의 사고방식을 엿볼 수 있다. 여성이 여지를 주지 않도록 주의해야 하는 것이 아니라,

남성들이 성폭력을 하지 않도록 주의해야 하는데 말이다.

21세기에 발생한 공군 성폭력 사건으로 돌아오자. 남자 중사가 공식적인 회식이 아닌 지인의 개업식에 여자 중사를 데려간 것은 의녀를 약방 기생으로 여겨 잔치에서 춤추게 하던 사고방식에서 나온 행동이다. 동료 군인이 아니라 기생으로 여겼으니, 돌아오는 차 안에서 성추행하는 것은 이어지는 순서였으리라. 이렇게 일하는 여성들을 동료 노동자가 아니라 관기로 여기는 조선시대의 망탈리테를 가졌기에, 어떤 남성들은 여성 직원에게만 탕비실 업무나 사무실 청소를 시키고, 회식 때에는 술 따르라고 강요하고, 거래처 접대에 데려가고, 노래방에서 블루스를 추자며 껴안고, 사귀자고 들이대다가 성폭행까지 한다. 안희정 전 충남도지사와 고 박원순 전 서울시장, 오거돈 전 부산시장까지, 우리는 벌써 몇 명의 예를 확인했다.

이는 한 개인의 일탈 문제가 아니다. 그러기에는 너무도 많은 성폭력 사건이 발생하고 있으며, 여전히 많은 사람들이 가해 남성들을 두둔하고 피해 여성을 비난한다. 결국 사회 전체의 집단 심성, 망탈리테의 문제다. 앞서 공군 성폭력 사건에서 상급자들이 "살면서 한 번은 겪을 수 있는 일"이라며 피해자를 회유했다는 사실을 떠올려보자. 그 말을 뒤집으면 남자들 입장에서 성폭력이란 "살면서 한 번은 하는 일"이 된다. 여기에는 남성은 당연히 여성들을 성적으로 이용해도 된다는 생각이 바탕에 있다. 한 네티즌이 전 서울시장의 장례식 조문 문제에 대해 "이순신 장군도 관노와 잠자리에 들었다. 그렇다고 제사를 안 지내는 것은 아니다"라는 글(2020년 7월 13일 온라인 커뮤니티 클리앙)을 써서 문제가 되었던 사건이 단적인 예다. 코로나19 전담 병실에 입원해서 간호사에게 팬티를 빨아달라고 요구한 남성 환자의 예(2020년 8월 25일 MBC 라디오 '김종배의 시선집중')도 있다. 모두 일하는 여성을 수청 들고 수발드는 관기로 여기는 조선시대의 망탈리테를 잘 보여준다.

남성 개개인이 미개하고 악하다는 말이 아니다. 이렇게나 성차별과 성폭력에 관대한 조선시대의 사고방식에 머물러 있는 사람들이 많으니, 사회적으로 체계를 갖추는 한편 개인적으로도 각성하고 노력하자는 말이다. 직장 성폭력은 형법으로 금지하는 폭력이며, 노동권 침해다. 애초에 하지 않아야 하고, 사건이 발생하면 가해자를 옹호하고 피해자를 회유할 것이 아니라 정당하게 처리해야 한다.

아직도 조선시대에 살고 있는 사람들이 있다면 명심하자. 일하는 여성은 관기가 아니다. 민주공화국의 동료 시민이며 남

성과 동등한 노동자다. 직장 동료에게 성적 서비스를 강요해서
는 당연히 안 된다.

딸처럼 여겨서
그랬다고?

　성폭력 사건이나 혐오 범죄 뉴스를 접하다 보면, 같은 사람인데 왜 이렇게 대하는지 도저히 이해가 안 될 때가 많다. 이럴 때 근대 이전 역사를 살펴보면 상황을 냉정하게 파악하는 데 도움이 된다. 현재 벌어지는 각종 성폭력 사건의 바탕에는 가부장/남성의 권력 행사를 당연시하는 고대인의 망탈리테가 깔려 있기 때문이다. 고대 가부장제를 살펴보기 좋은 자료로는 구약성경, 그리스 로마 신화, 함무라비 법전 등이 있다. 여기서는 함무라비 법전 이야기를 해보겠다.

　함무라비 법전이 인류 역사상 가장 오래된 성문법인 것은 아니다. 현재까지 연구된 결과에 의하면 함무라비 법전 이전에 적어도 네 번은 더 제정된 사실이 있다고 한다. 그런데 기원전

1750년경에 제정된 함무라비 법전이 가장 유명한 이유는 당시에 있었던 다른 법전에 비해 상대적으로 뛰어났기 때문이다. 최저임금제가 제정되었을 정도로 말이다.

그러나 함무라비 법전은 야만적이라는 오해를 받기도 한다. "눈에는 눈, 이에는 이"라는 '탈리오 법칙lex talionis' 때문이다. 탈리오 법칙은 가해자에게 동일한 보복을 하는 '동해보복법同害報復法'을 말한다. 여기에는 이유가 있다. 강력한 국가가 등장하기 전, 범죄에 대한 형벌은 피해자나 피해자가 속해 있던 집단이 가해자나 가해자가 속한 집단에 보복하는 형태로 행해졌다. 보복의 범위나 대상에 제한이 없었기에 가족이나 씨족 간에 끝없이 복수가 이어지기 일쑤였다. 그런데 탈리오 법칙은 대상을 제한하여 가해자에게만 보복하게 하고, 그 범위도 피해자가 입은 피해의 범위로만 제한했다. "눈을 다쳤다면 가해자 당사자의 눈만 다치게 하라"는 것은 그 시대 기준으로 매우 진보한 법이었다.

탈리오 법칙은 계급에 따라 달리 적용되었다. 이 점에서도 오해를 받는다. 법전 198조와 202조를 보자. 귀족이 귀족의 눈을 멀게 하면 가해자의 눈도 멀게 했지만, 귀족이 평민의 눈을 멀게 하면 벌금을 낸다. 노예라면 벌금이 평민의 반값이었다. 여기서 계급 차별보다 현실적인 상황을 고려한 점에 주목하자. 대개 귀족은 재산이 많아서 눈을 잃어도 생계에 지장이 없다. 그러니 귀족끼리 상해 범죄가 발생하면 '눈에는 눈'이다. 반면 가난한 평민이 눈을 잃으면 돈을 받는 편이 낫다. 가난한 사람들은 몸으로 일해서 먹고살아야 하니, 상해를 입으면 앞으로 생존이 막막해지기 때문이다. 가해 귀족의 눈을 멀게 하여 복수하기보다 가해자로부터 손해 배상을 받을 수 있게 법으로 보장하는 편이 생활에 도움이 되니 합리적인 셈이다.

알고 보면 함무라비 법전은 꽤 진보적이고 합리적이었지만, 이는 그 시대를 감안한 평가다. 지금도 함무라비 법전을 합리적이라고 여기지는 않는다. 그런데 이상하게도 가부장의 권리를 규정한 부분은 3,750여 년이 지난 현재까지 변함없이 적용되고 있다.

함무라비 법전에 의하면, 범죄를 저지른 남자는 처자식, 하인, 노예를 자기 대신 처벌받게 할 수 있었다. 법전 229조와 230조를 보자. 건축업자가 부실 공사를 하여 건물이 무너져 집주인이 죽으면 건축업자는 사형당한다. 그런데 집주인의 아들이 죽으면 건축업자는 사형당하지 않고, 그 아들이 대신 사형을 당한다. 탈리오 법칙이 적용되지 않은 것일까? 아니다. 탈리오 법칙이 정확히 적용되었다. 고대 가부장제 사회에서 처자식은 가부장의 재산이기 때문에 똑같이 재산인 아들을 잃는 벌을 받은 것이다.

이렇게 처자식을 가부장의 재산으로 여기고 가부장의 권리를 보장해주는 원칙은 간통죄나 강간죄에도 적용된다. 함무라비 법전 143조에는 아내가 간통하면 물에 던져 익사시킨다고 적혀 있다. 반면 결혼한 남자가 아내를 배신하고 간통한 경우에 대한 처벌 조항은 없다. 간통죄는 아내에게만 해당된다. 여자는 노예와 마찬가지로 남자의 재산이기에 아내에게는 주인인 남편과의 결혼 생활에 충실할 의무가 있지만, 남편에게는 그럴 의무가 없다. 그래서 성폭력 사건이 발생하면 피해를 본 측은 강간당한 여성이 아니라 그 여성의 남편이나 아버지, 주인인 가부장이다. 이웃 남자의 재산에 손해를 입혔기 때문에 남편이 있는 여자를 강간한 남자는 엄벌을 받는다. 함무라비 법전에 의하면 사형이다.

이제 무서운 이야기가 나온다. 친딸을 강간한 아버지는 그 시절에 어떤 벌을 받았을까? 강간범은 사형이 원칙이지만, 딸 강간범은 사형당하지 않았다. 154조에 의해 도시 밖으로 추방당하는 벌을 받았을 뿐이다. 왜 그럴까? 천륜을 어겼으니 더 무거운 벌을 받아야 마땅할 것 같은데. 이유는 자신의 재산인 딸을 범했기 때문이다. 다른 가부장의 재산에 손해를 입힌 것이 아니니까 남의 아내나 딸을 범한 것보다 훨씬 가벼운 벌을 받은 것이다.

바로 이런 고대의 법에 기반한 사고방식이 현재까지 이어진다. 친딸, 의붓딸뿐 아니라 학생이나 수용시설 원생, 직원 등 딸과 같은 입장에서 자신의 보호나 지도를 받는 어린 여성을 성폭력하는 남성들에게로. 이들의 머릿속에 박힌 '처자식은 내 재산이니까 내 맘대로 해도 된다'는 사고방식이 근본적으로 고쳐지지 않는다면, 아무리 법을 개정하고 형벌을 강화해도 소용이 없다.

잠깐, 이 부분에서 친부 성폭력을 거론하는 데 거부감을 가지는 독자를 위해 통계를 인용하겠다. 2021년 6월 28일, 여성가족부의 발표에 따르면 2019년 아동·청소년 대상 성범죄(성폭력, 성매매, 디지털 성범죄 등)의 피해자 수는 3,622명으로 이 중 10.3퍼센트(372명)가 '가족'에게 피해를 입었다. 가족 가해자 중 '친부'가 137명으로 가장 많았고, 이어 의부가 101명이었다. 이 통계에서도 알 수 있듯, 딸을 성폭력하는 남성은 많다. 상상 속에나 존재하는 악마나 짐승이 아니다. 지금도 "내 새끼 내 맘대로 못 하냐"며 자식을 폭행하는 것을 가부장의 권리로 아는 아버지가 꽤 있는 것으로 미루어 보아, 아버지 성폭력은 알려진 것보다 훨씬 많이 발생하고 있음을 짐작할 수 있다. 성폭력은 '성'행위가 아니라 '폭력'의 일종이기에, 근친 강간을 거론한다고 쉬쉬할 필요가 없다.

이런 고대 함무라비 시절의 망탈리테는 성추행범들의 변명에서도 드러난다. 어린 여성을 성추행하는 나이 든 남성들이 한결같이 하는 변명이 있다. "딸처럼 여겨서 그랬다." 가장 많이 알려진 예로 2014년 박희태 전 국회의장 성추행 사건이 있다. 당시 박 씨가 "손녀 같아서 귀엽다는 표시는 했지만 정도를 넘지 않았다"라고 해명하자, 사람들은 "너는 친손녀가 귀여우면 가슴을 만지냐?"라며 분노했다. 이외에도 뉴스를 검색해보면 이런 사건과 이런 변명이 너무도 많다. 왜 이들은 한결같이 "딸처럼 여겨서 그랬다"라고 말할까?

잘못한 사람은 변명할 때 본능적으로 자신에게 유리하게 말하려 든다. 어린아이들도 "접시가 깨졌어요"라고 말하지, "내가 접시를 깨뜨렸어요"라고 말하지는 않는다. "딸같이 여겨서 그랬다"라고 말하는 것도 마찬가지다. 그렇게 말하면 범죄자인 자신에게 유리하다고, 즉 용서받거나 더 가벼운 벌을 받을 수 있다고 생각하기 때문이다. 앞서 함무라비 법전에서 아버지가 딸을 강간한 경우 다른 여성을 강간했을 때보다 가벼운 벌을 받았다는 사실을 떠올리자. 그렇다면 나이 많은 가해 남성이 어린 피해 여성에게 "딸처럼 대해줬는데!"라며 성추행을 저지르고도 당당히 분노하는 이유는 "내가 비록 죄는 지었지만 남의 여자도 아니고 내 딸과 같은 여자에게 한 짓이니까 심한 벌을 받을 만한 큰 죄가 아니다. 아버지가 무슨 짓을 해도 딸은 순종해야 하는데, 아버지의 정당한 권리 행사를 참지 않고 고소한 딸이 더 잘못했다"라고 생각하기 때문이다.

범죄자들만 이런 사고방식을 가진 것은 아니다. 성범죄자들에게 분노하는 사람들도 마찬가지인 경우가 많다. 예를 들어 "네 딸도 똑같이 당해라!", "저놈 마누라도 당해봐야 정신 차리지!"라는 댓글은 성폭력 사건을 보도한 기사에 흔히 달린다. 성폭력범 본인이나 범죄자에게 가벼운 선고를 내린 판사를 겨냥해서 쓰는 말이다. 이상하지 않은가? 죄는 가해자가 지었는데 왜 가해자와 가까운 관계에 있는 여성들이 벌을 받아야 할까?

이 경우에도 함무라비 법전을 떠올리면 이해가 쉽다. 여성은 남자의 소유물이므로, 성폭력을 저지른 남성은 같은 인간에게 폭력을 행사한 것이 아니라 다른 남성, 즉 피해 여성의 아버지나 남편 등 가부장의 재산을 망가뜨린 셈이 된다. 그러므로 벌은 가해자가 아니라 가해자의 아내나 딸이 받아야 한다고 생각한다. 눈에는 눈, 이에는 이. 그러니 가해자의 재산도 망가뜨려야 공평하다. 결국 끔찍한 성범죄에 분노하여 나름 정의롭게 "가해자의 딸/아내도 똑같이 당해라!"라고 외치는 것은 "다른 남성의 재산인 여성을 건드려 남성에게 피해를 줬으니, 너도 똑같은 재산 피해를 당해봐라"라는 뜻이다. 이는 전혀 정의롭지 않다. 여성을 같은 인간으로 보지 않는 발언이다. 함무라비 시대의 사고방식에 기인한, 여성을 동등한 인권을 가진 동료 시민이 아니라 가부장의 소유물로 보기에 일어나는 현상이다.

그래서 공공장소에서 성추행범을 잡아 현행범으로 경찰에 넘기면, 경찰 앞에서도 "나는 잘못 없다"라며 욕하던 범죄자가 피해 여성의 아버지나 남편, 오빠, 남자 친구가 나타나면 그제야 90도 각도로 절하면서 그 남성들에게 사죄하는 것이다. 왜 그럴까? 옆에 주인이 없는 물건에 손대는 것은 인간인 내 권리이니까 물건에 미안할 필요가 없지만, 임자가 나타났으니 너의 물건에 손대서 미안하다며 사과하는 것이다. 심지어 합의해달라고 비는 것도 피해 여성이 아니라 친지 남성들에게 한다. 이런 황당한 경험을 한 여성들은 생각보다 훨씬 많다.

물론 3,750여 년 전 함무라비 법전의 영향으로 지금 대한민국의 현실이 이렇게 되었다는 말이 아니다. 여성을 사람 아닌 물건으로 여기고, 여성의 인권보다 가부장의 권리를 먼저 생각하는 사고방식이 고대부터 현재까지 이어지고 있음을 함무라비 법전을 통해 단적으로 볼 수 있다는 것이다. 함무라비 왕이 다스리던 고대 바빌로니아와 대한민국은 아예 다른 시대, 다른 지역에 속한다. 그러나 여성에게는 역사학에서 말하는 시대 구분이 의미가 없다. 고대부터 21세기까지 오직 한 시대, 가부장제 시대가 지속되고 있기 때문이다. 성폭력 고발 기사에 "모든 남성이 그러는 것은 아니다!"라며 화내는 댓글들이 많이 달리는 것이 그 증거다. 형법에서 금하는 범죄를 하지 말라는 당연한 글을 읽는데 왜 화가 날까? 그것은 물건으로서 당연히 남성을 위해 이용당할 운명인 여성이, 감히 물건 주제에 가부장/남성의 허물을 거론하니 화가 나는 것이다. 지금도 여전히 함무라비의 법이 가부장/남성의 권리를 보장하는 시대이기에 그렇다.

　　그렇다. 어떤 사람들은 여전히 고대인이고 함무라비의 신민이다. 내가 아무리 선량한 시민으로서 성범죄를 저지르지 않아도, 이 시대에 살고 이 문화의 영향을 받는 이상 의식적으로 깨치고 벗어나려고 노력하지 않는다면 나 자신도 모르게 시대착오적인 성차별 언행을 할지도 모른다. 그렇다면 함께 이 시대를 종결시켜서 '구시대의 마지막 목격자'가 되어보는 건 어떨까?

쇼트커트 하면
페미라고?

- 쟤 페미 아니야?

- 숏컷 하면 다 페미임.

- 여자 숏컷은 걸러야 됨 ㅋㅋㅋ 그래도 국대니까 봐줌.

지난 도쿄올림픽 양궁 국가대표 안산 선수와 사격 국가대표 박희문 선수의 경기를 중계하는 영상과 보도 기사에 이런 댓글이 달렸다. 심지어 안산 선수의 SNS 계정에 "왜 머리를 자르나요?"라고 물어본 사람도 있었다. 쇼트커트를 한 여성은 페미니스트이고 나쁜 여성이라는 뜻으로 한 말이다. 이에 6,000명이 넘는 여성들이 SNS에 자신의 쇼트커트 사진을 올려 항의했다. 그러나 일부 남성들은 안산 선수에게 금메달을 반납하고 사과하게 하라며 양궁협회에 압력까지 넣었다.

21세기도 5분의 1이나 지난 2021년에 벌어진 일이다. 어이가 없다. 머리카락을 기르든 쇼트커트를 하든 삭발을 하든, 타인이 관여할 바가 아니다. 무례하다. 단지 여성 선수라고 그런 질문을 받아야 한다거나, 페미니스트인지 아닌지 밝힐 의무는 없다. 공격적인 의도마저 느껴진다. 마녀사냥을 위한 사상 검증의 목적으로 페미냐고 묻는 남성들이 많은 지금의 현실에서는 더더욱.

이런 사람들은 왜 이럴까? 쇼트커트를 한 여성과 성차별주의에 반대하는 페미니스트를 인격적으로 문제가 있는 사람처럼 몰고 가는 게 이상하지 않은가? 여기에는 이성애자 남성들이 쇼트커트보다 긴 머리 여성을 매력적으로 느끼는 것을 넘어서 다른 이유가 있다.

다른 동물과 비교해볼 때, 인간종의 성 차이는 크지 않은 편이다. 공작새나 사자의 암수를 비교해보면 쉽게 알 수 있다. 체격 차이가 있기는 하지만, 고릴라 등 다른 영장류와 비교해도 인간의 경우에는 차이가 미미하다. 연구 결과에 의하면 여성 차별이 심한 사회일수록 체격 차이가 많이 난다고 한다. 영양가 있는 음식을 남성들이 더 많이 먹기 때문이다.

이렇게 인간은 겉으로 보기에 성차가 뚜렷한 종이 아닌데, 굳이 인간 사회는 남녀 성차를 부각시킨다. 대부분의 문화권에서는 성별에 따라 옷을 달리 입도록 규정한다. 남성은 바지를, 여성은 치마를 입게 하고, 다른 성의 옷을 입는 것을 금지한다. 역사적으로 보았을 때 반드시 남성은 바지를, 여성은 치마를 입는다고만 볼 수는 없다. 하지만 현재 세계적으로 포멀한 복장이 서구식 바지와 치마이므로 편의상 이렇게 쓴다.

또 사회는 인간의 기본을 남성으로 두고 거기에 여성이라는 기호를 덧붙이는 방식으로 남성과 여성을 구별한다. 여성은 머리카락을 남성보다 더 길게 기르거나 속눈썹을 붙이거나 입술과 볼, 눈두덩에 색조 화장품을 발라서 색을 입히는 등 꾸며야 한다.

이렇게 남성을 기본으로 놓고 여성에게는 여성성을 상징하는 기호를 덧붙이는 방식은 마스코트 동물을 디자인하는 방식을 보면 잘 알 수 있다. 롯데월드 마스코트인 로티와 로리를 보자. 둘 다 너구리인데, 여성 너구리를 나타내기 위해서 치마를 입히고 속눈썹과 리본을 붙였다. 아, 예외도 있다. 늘 여성에게만 무언가를 더 부착하지는 않는다. 착용해서 편리하거나 권위나 문명 개화를 상징하면 남성에게만 허용된다. 뉴스 진행자들을 보라. 둘 다 시력이 안 좋아도 남성은 안경을 쓰고 나오지만 여성은 콘택트렌즈를 껴야 한다. 이래저래 더 불편한 쪽은 여성이다.

그래서 성인 여성은 공식적인 자리에 나갈 때는 여성이라는 기호를 덧붙일 것을, 즉 치마 착용과 화장하기를 강요받는다. 데이트 등 사적인 자리에서도 남성과 만날 때는 치마를 입고 화장할 것을 요구받는 경우가 많다. 꾸미지 않고 나가면 상대 남성이 내게 관심이 없는 것이냐며 서운해하거나, 무례하다고 화를 내기도 한다. 같은 여성인데도 상급자/연장자 여성이 하급자/어린 여성에게 그렇게 굴기도 한다. 왜 그럴까? 왜 여성들은 공식적인 자리나 남성 혹은 남성과 같은 권위를 지닌 여성 앞에서는 자신이 여성이라는 것을 확연히 드러내야 할까? 왜 그것이 의무이고 예의일까?

1941년 9월 1일, 히틀러의 나치 치하 독일에 '유대인 식별에 관한 경찰 명령'이 발표되었다. 6세 이상의 유대인은 '유대의 별'을 달지 않고 공적인 자리에 모습을 드러내는 것을 금지하는 명령이었다. '유대의 별'은 노란색 헝겊에 손바닥만 한 육각형의 검은 별을 그려 넣고, 그 안에 유대인이라고 써넣은 것이다. 유대인들은 이를 의복의 왼쪽 가슴에 꿰매 착용해야 했다. 정삼각

형과 역삼각형을 겹쳐 만든 육각별 문양은 원래 유대교에서 '다윗의 별'이라 불렸다. 다윗의 방패Magen David를 의미하는 이 별은 유대인에게 신의 수호를 상징했다. 다윗 왕의 아들인 솔로몬 왕이 유대 왕가의 문장으로 삼았기에, 현재 이 별은 이스라엘 국기에도 있다.

그러나 나치는 이를 '유대의 별'이라 부르며 유대인 차별이나 박해에 이용했다. 나치가 유대인에게 별을 달게 한 이유는 무엇일까? 유대인의 외모는 한눈에 봐서 유럽인들과 분간하기 어렵다. 그래서 독일인 사이에 섞인 유대인을 빨리 알아보기 위해 차별의 표지를 부착시킨 것이다. 구별할 수 있어야 차별할 수 있기 때문이다.

여성에게 치마와 긴 머리카락, 화장을 요구하는 이유도 마찬가지다. 화장 안 한 얼굴에 짧은 머리카락, 헐렁한 상의, 통 넓은 바지 차림이면 얼핏 보아 남성들 틈에서 여성을 구별해낼 수 없다. 즉, 유대인의 별이나 여성성을 드러낸 차림은 2등 시민을 드러내기 위한 목적이 있다. 쉽게 구별하여 차별할 수 있게 하려는.

성인 여성이 화장을 안 하고 꾸미지 않으면 예의가 없다고 지적받는 이유가 바로 여기에 있다. 아무 꾸밈도 하지 않는 여성은 자신이 여성이라는 '유대의 별'을 달지 않은 것이므로 상대하는 남성의 기분, 즉 1등 인간이라는 우월감을 상하게 한다. 상대 여성이 무례한 언행을 하지 않았어도 자신과 동급인 기본적인 인간처럼 하고 나온 것 자체가 무례하다, 남성인 자신이 무시당한 것 같다, 하급 인간인 주제에 자신에게 예쁘게 보이려 노력하지 않았으므로 괘씸하다, 잔뜩 꾸민 여성을 아랫사람으로 거느려야 자신이 돋보이는데 그런 기회를 내게서 빼앗았다는 등등의 흐름으로 생각하기에 그렇다.

다시 여성의 쇼트커트 이야기로 돌아가자. 쇼트커트를 하는 여성보다 긴 머리 여성을 더 여성답다고 생각하는 이유는 머리카락 길이의 문제가 아니다. 남자들이 길고 윤기 나는 머리카락에서 자신의 2세를 생산하기 좋은 건강한 여성을 알아본다느니 하는 설도 있지만, 그렇지 않다. 이런 미적 감각은 진화된 것이 아니라 사회에서 학습된 것이다. 보통 남성의 헤어스타일은 짧은 머리, 여성은 긴 머리라고 여긴다. 왜 그럴까?

서구의 기준으로 볼 때 남성들은 투구를 쓰고 전투하기에 편리하도록 머리카락을 자르고, 여성은 그렇지 않기에 길렀던 역사가 있기는 하다. 남성은 이성을 가진 인간이지만 여성은 남성과 동물의 중간적인 지능을 가진 불완전한 인간이니, 여성에게는 동물성을 강조하는 차림을 할 것을 강요한 사실도 있다. 그래서 여성은 남성에 비해 성적 대상이 되기 쉽도록 육체를 드러내는 옷차림을 하는 한편, 장묘종 고양이도 아닌데 길게 머리카락을 기른다. 긴 머리털은 동물성과 비문명화된 상태를 의미하기 때문이다. 강제로 개항한 비서구권에서 서구 문명을 받아들인 개화기에 대대적으로 단발을 한 이유다. 긴 머리 스타일이 여성스럽다고 생각하는 편견에는 이런 유래도 있다.

어떤 사례든 여성인 주제에 남성과 구분이 가지 않는 차림을 하는 것을 문제로 여긴다는 점이 핵심이다. 그래서 몇몇 사람들은 쇼트커트를 한 여성을 페미니스트로 여겨서 걸러야 한다고 주장하는 것이다. 여성은 2등 인간이므로 남성과 쉽게 구별되어야 하는데, 구별할 수 있어야 차별할 수 있는데, 그 구별을, 차별을 없애려는 사람들이 바로 페미니스트이기 때문이다. 젠더란 가변적이고 그 사회에서 허용하는 방식으로 수행되기 마련인데, 페미니스트들은 이를 넘나든다. 결국 페미니스트들은 남성 이성애자의 기득권을 위협하는 존재이므로 그들의 입장에서는 나쁜 사람들인 셈이다.

여성의 차림과 화장, 꾸밈 노동 강요에 대해서는 좀 더 세심하게 살펴볼 것이 많다. 그렇다고 해서 여성들은 무조건 쇼트커트를 하고 바지만 입고 전혀 꾸미지 말라는 것이 아님을 명확히 밝힌다. 어떤 차림과 꾸밈을 하든, 어느 성별이든지 강요받고 차별받지 않아야 한다는 것이 내 입장이다. 상식적인 사람들이라면 다들 이렇게 생각할 것이라고 믿는다.

사랑하는데
표현만 거칠 뿐이라고?

　　한 국가의 치안 정도를 대표하는 수치는 살인율이다. 우리나라의 살인율은 2021년 조사 기준 인구 10만 명당 1.3명으로 경제협력개발기구OECD 회원국 평균 2.6명에 비하면 절반 수준이다. 가장 높은 수치인 미국(인구 10만 명당 7.8명)에 비해서는 매우 낮은 편이다. 이를 근거로 우리나라의 치안은 매우 좋은데 왜 여성들은 폭력 희생자가 될까 봐 두려워하고 남성들을 잠재적 범죄자로 여겨서 경계하느냐고 주장하는 이들이 꽤 많다. 맞다. 살인율만 놓고 보면 우리나라는 치안이 좋은 편이다.

　　그러나 여성이 체감하는 현실은 다르다. 이 경우, 여성이 폭력에 희생당하는 비율을 따로 봐야 가려진 진실이 보인다. 대검찰청 자료에 따르면 최근 5년간(2017~2021) 발생한 살인, 강도, 방화, 성폭력 등 흉악범죄 피해자 10명 중 8명이 여성이었다. 총 17만 4,306건 중 여성이 피해자인 경우는 14만 4,975건으로 전체의 83.2퍼센트에 달했다.

여성이 폭력 피해자가 되기 쉬운 현실은 구조적 성차별 문제와 관련 있다. 여성이 희생되는 폭력의 절반 가까이를 배우자나 연인 등 '친밀한 관계'에 있는 사람이 저지르고 있기 때문이다. 2022년 8월 28일, 여성가족부가 공개한 '2021 여성 폭력 실태 조사' 보고서를 보자. 전국 성인 여성 7,000명을 대상으로 벌인 조사에서 평생 여성 폭력 피해를 한 번이라도 경험한 비율은 전체의 34.9퍼센트(2,446명)로 나타났다. 이들 중 절반에 가까운 1,124명은 가해자가 과거 또는 현재의 배우자나 연인 등 친밀한 관계에 있는 사람이었다. 피해 여성이 전혀 모르는 사람이 아니었다. 이는 여성들이 평범한 일상에서 늘 폭력에 노출돼 있음을 보여준다.

'한국 여성의 전화'에 의하면 2021년 1년간 친밀한 남성에 의해 살해된 여성이 최소 83명에 이른다. 살인미수에서 살아남은 여성까지 포함하면 피해자는 260명으로 늘어난다. 아내 살해는 통계에 잡히지도 않기 때문에 언론에 보도된 사건만 집계한 것이니, 실제로는 훨씬 많다고 봐야 한다. 대표적 범죄 통계인 '경찰 범죄 통계'와 '대검찰청 범죄 분석'은 범죄자와 피해자의 관계를 15종(국가, 공무원, 고용자, 피고용자, 직장 동료, 친구, 애인, 동거 친족, 기타 친족, 거래 상대방, 이웃, 지인, 타인, 기타, 미상)으로 분류하고 있는데, 배우자는 아예 카테고리에 없어서다. 그러니 알려진 것보다 현실은 더 끔찍할 것이다.

왜 이런 일이 생길까? 어떤 성별이든, 어떤 관계에 있든, 사람을 때리고 죽여서는 안 된다. 길고양이에게도 안 된다. 모든 생명체에 폭력을 써서는 안 된다. 다들 알고 있는 사실이다. 그런데 이렇게나 많은 여성이 모르는 사람도 아니고, 남자 친구나 남편 등 친밀한 관계에 있는 남성들에게 맞거나 살해당한다. 살인율이 OECD 회원국 평균의 절반이어서 치안 강국인 이 나라에서, "연탄재 함부로 발로 차지 마라"는 시구에 감동받은 사람도 많은 이 나라에서 말이다.

물론 사적인 관계에 있는 여성은 가부장의 재산이니 남자 맘대로 다루어도 된다고 생각하는 사고방식이 근본 원인이지만, 이 부분은 이 책의 앞선 이야기에서 충분히 다루었으니 이번에는 생략한다. 다음으로 관련 법이 미비하고, 피해자 보호와 가해자 처벌이 제대로 이뤄지지 않는 점을 원인으로 볼 수 있겠다. 거기에 더해 우리 사회가 남성이 여성에게 폭력을 쓰는 것을 관대하게 봐주는 것도 심각한 문제라고 생각한다. 소설, 드라마, 영화, 만화 등등을 살펴보자. 남성의 폭력을 좀 거친 애정 표현이라고 여기는 내용이 너무도 많다.

대표적 예로 현진건의 단편 소설 《운수 좋은 날》이 생각난다. 비 오는 어느 날, 동소문 밖에 사는 인력거꾼 김 첨지는 오랜만에 큰돈을 번다. 그런데 얼른 집에 가서 아픈 아내를 병원에 데리고 가기는커녕 선술집에서 혼자 실컷 먹고 마신 후 설렁탕을 사 들고 귀가한다. 반겨 맞아주지 않고 누워 있다며 아내를 때린다. 아무 반응이 없자 그제야 김 첨지는 아내가 죽은 것을 알고 "설렁탕을 사다 놓았는데 왜 먹지를 못하니, 왜 먹지를 못하니……. 괴상하게도 오늘은! 운수가, 좋더니만……"이라며 운다.

이 소설을 배우면서, 이상했다. 1인칭 주인공 시점이 아닌데도, 왜 남편인 김 첨지의 입장에서 소설을 배워야 할까? 굶고 병들고 매 맞다 죽은 아내의 입장이 아니라. 아내가 죽었을까 봐 무서워서 집에 못 들어가는 김 첨지의 심정을 왜 이해하고 동정해야 하나? 평소에도 돈을 못 벌면 아내를 때려서 스트레스를 풀던 김 첨지였다. 오랜만에 큰돈을 벌었으면 당장 음식과 약을 사서 집으로 달려가야 하지 않나? 집에는 배고파 보채는 아기까지 있는데 말이다. 그런데 김 첨지는 돈을 벌자 우선 자기 배부터 채운다. 실컷 먹고 나서야 설렁탕 한 그릇을 사 들고 집에 간다.

이 대목에서 국어 시험에 잘 나오던 주관식 문제가 있었다. "김 첨지가 아내를 때리지만 사실은 아내를 깊이 사랑한다는 것을 보여주는 단어를 찾아 쓰라"는 것이었다. 답은 설렁탕. 어이없다. 설렁탕 한 그릇을 사주면 평소에 때려도 되는 걸까? 폭력과 학대, 방치는 사랑이 아니다. 끔찍하다. 김 첨지는 아내가 죽은 그날만 운수가 나빴을지 몰라도, 김 첨지의 아내에게는 병에 걸렸는데도 굶은 채 매 맞는 매일매일이 운수 나쁜 날이었다. 그런데도 우리는 김 첨지의 입장에만 감정 이입하여 죽은 아내보다 김 첨지를 더 불쌍히 여기도록 배웠다. 무섭다. 우리는 왜 인간 존중보다 제목인 '운수 좋은 날'의 반어법을 중요하게 배우고, 김 첨지가 알고 보면 츤데레 스타일이라며 좋게 봐주어야 할까?

어린이집에 다닐 때부터 남자애들이 때리고 괴롭혀서 여자애들이 화를 내면 주위 어른들에게 이런 말을 듣곤 한다. "저 남자애가 너를 좋아해서 그런 것이니 니가 참아." "네가 이뻐서 그래." 이런 환경에서 자라면 여성들은 피해자가, 남성들은 가해자가 되기 쉽다. 2015년에 김수찬이 그린 《상남자》라는 만화를 보자. 남자가 여자를 때리는 것은 상남자의 애정 표현이라고 한다. 2018년 드라마 〈나의 아저씨〉에서 주인공 여성(아이유 분)은 맞으면서도 남성에게 "너, 나 좋아하냐?"라고 묻고, 때려달라는 말까지 한다. 아무리 만화와 드라마상의 표현이라도 모든 허구의 창작물은 현실을 반영하고, 그 창작물은 다시 현실에 영향을 준다는 점에서 그냥 넘어갈 일이 아니다. 그나마 요즘은 페미니스트들의 항의 덕분에 좀 나아졌지만 말이다.

　왜 남자들의 폭력을 "그는 나쁜 남자가 아니야. 사랑하는데 표현만 거칠 뿐이야"라고 착각하도록 일상에서 세뇌당해야 할까? 여성이 학대와 폭력을 당하면서도 사랑으로 받아들여 그 남성을 떠나지 못하게 하는 그릇된 문화가 퍼져 있으면 누가 이익을 볼까? 일부 폭력적인 남자들? 그렇지 않다. 남자들 중에서도 상위 계급, 기득권 세력의 남성들에게 이익이 돌아간다.

　《운수 좋은 날》로 돌아가자. 만약 김 첨지의 아내가 경찰서에 가서 폭력 남편을 신고했다면 어떻게 되었을까? 일본인 순사는 접수도 안 하고 집으로 돌려보냈을 것이다. 1920년대에 아내 구타는 흔한 일이었고, 순사도 남성이니 별일 아니라고 여겼을 것이다. 게다가 일제 강점기인 1920년대라면, 조센징들끼리 때리든 죽이든 일본인 순사는 관심 없다. 일제 침략자들의 입장에서는 조선 남자가 조선 여자를 때리는 것은 오히려 바람직하다. 죽창을 들고 일제에 저항하는 것보다 훨씬 다루기 편하기 때문이다.

이런 글을 쓰면 "왜 남녀 성별 갈등을 조장하는가?"라든가, "남녀가 편을 갈라 싸우면 기득권자들만 이롭다"라고 말하는 사람이 많다. 전혀 그렇지 않다. 왜 정부가 앞장서서 강남역 살인 사건 등 여성 피해자를 노린 범죄가 여성 혐오 범죄가 아니라고 해명할까? 왜 비혼을 결심한 여성들을 문제가 있다고 후려쳐서까지 결혼하게 하려는 정책을 세울까? 왜 교제 폭력과 아내 폭력 등 친밀한 관계에 있는 남성의 폭력을 엄중히 다루지 않을까? 그 이유는 가부장제 국가의 물질적 기반이 여성의 노동력에 대한 남성의 지배에 있기 때문이다.

가부장제 자본주의 국가가 규정하는 젠더 분업은 여성은 집에서 출산, 육아, 가사, 돌봄 노동을 하고 남성은 집 밖에서 임금 노동을 하는 것이다. 그 반대가 아닌 이유는 여성만이 아기를 낳을 수 있기 때문이다. 그러나 여성이 집에서 평생 하는 모든 재생산 노동은 무상이다. 이런 맥락에서 가정 밖에서 식당 일이나 청소 일, 돌봄 노동 등을 하는 여성들은 낮은 대우를 받고 저임금을 받는다. 전통적으로 여성이 가정에서 놀면서 하는 하찮은 일로 여겨지는 일을 하기 때문이다. 여성들이 집 안에서 무임으로, 집 밖에서 저임으로 노동해서 발생하는 이익은 가부장 남성, 자본가, 국가가 챙긴다. 그러기 위해 여성의 독립을 막고 여성에 대한 지배를 유지하는 제도적, 문화적 장치가 사랑과 희생, 모성애란 명분으로 포장되어 존재한다.

그래서 사회는 남성이 여성을 폭력적으로 대하는 것을 너를 사랑해서 그러는 거니까 참으라며, 어려서부터 직접적으로, 혹은 소설이나 드라마를 통해 간접적으로 여성을 세뇌한다. 여성이 남성의 지배 밖, 가정 밖으로 도망가지 못하게 막는 한편, 일터나 사회에서 생긴 스트레스를 남성들이 각 가정이나 사적 관계에서 여성을 지배함으로써 풀 수 있게 하려는 의도다. 또한 남성에게 밥과 섹스, 자손 생산, 돌봄 노동, 감정 노동, 노부모 봉양을 제공하는 데다가 돈까지 벌어다 주는 노예를 국가가 한 명씩 배급해주어야 하므로 결혼을 장려한다. 그래야 남성들이 '말하는 샌드백'을 두들겨서 스트레스를 풀고, 정작 사회의 근본적인 문제를 만들어내는 기득권 세력에게는 죽창을 들고 저항하지 않을 테니까. 가부장 아래에 가족을 조직하면 국가가 각 가정을 관리하기가 쉬울 테니까.

이런 이유로 우리 사회는 교제 폭력, 아내 폭력 등 친밀한 관계에 있는 여성에 대한 폭력에 관대하여 가해 남성을 엄벌하지 않는 것이다. 그러니 우리가 앞장서서 남성 폭력에 관대한 이 사회, 이 문화를 바꾸어보자. 틀린 것은 틀렸다고 말하고 거짓 애정 표현에 속아주지 말자. 사회가 안 변한다고 절망하지 말자. 우리가 변하면 된다.

낙태권을 주장하면
'페미나치'라고?

　　인터넷상에서 '페미나치'라는 단어와 자주 마주치곤 한다. '페미나치'는 '페미니스트'에 '나치'를 합한 말이다. 아마 인간의 역사에서 가장 악질적이라고 여기는 집단이 나치이기에, 페미니스트 필자들, 특히 여성 필자를 공격하기 위해 만든 말이리라.

　　'페미나치'라는 말은 특히 성차별주의자들이 "페미니스트들은 낙태권을 요구하는 살인마 집단"이라는 주장을 펼칠 때 사용하곤 한다. 그러나 여성들이 원하는 것은 단순한 '살인 면허권'이 아니다. 자기 몸에 대해 온전한 통제권을 갖고 자신의 운명을 스스로 결정하는 '안전한 임신 중단권'을 주장하는 것이다. 이를 2차대전을 전후하여 나치가 저지른 대학살에 빗대는 것은 의아할뿐더러, 역사 왜곡에 가깝다. 우스꽝스럽기까지 하다. 과거 나치가 벌인 일과 그들이 내건 명분은, 살펴보면 페미니스트들이 아니라 오히려 성차별주의자들이 주장하는 내용과 같기 때문이다.

오해하지 마시길. "반사! 당신들이 나치다!"라고 주장하는 것은 이 글의 목표가 아니다. 나는 상대방과 의견이 대립될 때 상대방을 무조건 나쁜 놈으로 몰아가는 것을 좋아하지 않는다. '토착 왜구'니 '빨갱이'니 '나치'니 하며 상대를 악마화, 타자화하면 더 이상 대화를 나눌 수 없기 때문이다.

어쨌든, 나치가 인명을 경시하는 악마적 집단의 대명사가 된 것은 홀로코스트(유대인 학살 사건) 때문이다. 나치는 왜 유대인들을 학살했을까? 독일인들은 왜 이를 방조했을까? 그 바탕에는 서구인들의 뿌리 깊은 유대인 혐오가 있었다. 고대와 중세 시대에 기독교인들은 구세주 예수를 유대인들이 처형했다는 이유로 유대교를 배척하고 유대인들을 개종시키려 했다. 재산을 몰수하고 추방당하는 등 차별받던 유대인들은 19세기에 들어 증오의 대상이 되었다. 종교적인 이유에서 나아가, 유전학과 진화론에 기반하여 유대인은 원래 생물학적으로 열등한 종족이며 유럽 민족의 순수함을 오염시키는 존재라는 인종적 반유대주의가 유럽에 확산된 것이다.

독일에서 인종적 반유대주의는 제1차 세계대전에서 패배한 후 암울해진 독일의 현실과 맞물려 힘을 얻었다. 독일인들은 패전의 책임을 유대인에게 돌려서 상처받은 민족적 자존심을 달래려 했다. 독일의 유대인 55만 명 가운데 10만 명이 제1차 세계대전에 참전해서 그중 1만 2,000명이나 전사했는데도 말이다. "의무는 이행하지 않고 권리만 요구하는 집단이기에 차별한다"는 차별주의자들의 말은 이렇게 사실과 달랐다. 국가 재정이 바닥난 상황에서 경제 공황까지 겪으며, 독일은 극심한 사회 혼란에 빠진다. 1933년에 히틀러가 집권했고, 나치 독일은 유대인 대학살을 벌였다. 그 결과, 10년도 안 되는 짧은 기간에 600만 명이나 되는 인명이 희생당했다.

한편 나치는 유대인만 학살하지 않았다. 히틀러의 제3제국은 유대인, 집시, 동성애자, 지적 장애인 등 '기생충'을 박멸하여 '청결한 제국'이 되기를 원했다. 나치가 이상으로 삼은 독일 시민은 금발에 푸른 눈을 가진 순수하고 건강한 아리아인이었다. (원래 아리아인은 언어학적으로 인도유럽어족에 속하는 인종과 민족을 일컫는 말이지만, 히틀러는 이를 유럽인에만 한정해서 사용했다. 남아시아인인 인도인은 아리아 인종으로 치지도 않았던 것이다.) 그리하여 나치는 유대인이나 집시는 열등한 민족으로 여겨 학살했고, 같은 독일

민족이라도 동성애자나 지적 장애인이라면 열등한 유전자를 제거한다는 명목으로 강제 불임과 출산 제한을 행했다. 나치가 아우슈비츠 수용소에서 가스를 사용하여 유대인 대량 학살을 시작한 것은 1942년부터였지만, 그 이전인 1939년 10월부터 안락사 프로그램을 만들어 8만여 명의 지적 장애인들을 총, 가스, 주사를 사용하여 학살했음을 기억하자.

반대로, 아리아 민족의 우등한 유전자를 보존한 '순수 혈통' 인구를 늘리기 위해 나치는 무슨 일을 했을까? 1935년 9월 15일, 나치스 집회에서 승인한 '뉘른베르크법'을 살펴보자. 이 법은 두 가지로 구성되었다. 하나는 '제국시민법'이다. 독일인이나 독일 혈통 국민에게만 시민권과 참정권을 부여한다는 이 법안은 유대인 차별 목적으로 제정되어, 유대인 탄압과 차별의 법적 근거가 되었다. 다른 하나는 '독일 혈통 및 명예 보존법'이다. 이 법은 독일인 및 독일 혈통의 국민과 유대인의 혼인 및 성관계를 금지했다. 혈통 보존의 의무는 여성들에게 지우기 마련이므로, 독일 여성들에게 순수 혈통의 자손을 낳아 '청결한 제국'을 실현할 의무를 강제하기 위한 여러 법령이 제정되었다.

역사적으로 보면 프로이센 주도로 통일한 후 이어진 독일의 군국주의 전통과 남부 가톨릭 지역의 보수적 전통이 결합되어 독일 여성의 인권은 같은 유럽 내에서도 낮은 편이었다. 독일 여성의 삶은 아이Kinder, 부엌Küche, 교회Kirche의 3K로 요약될 정도였다. 설상가상으로 이런 부정적 현실에 나치는 한 술, 아니, 한 삽을 더한다. 나치 독일의 여성은 어머니와 주부라는 낡은 역할만 수행해야 했다. 나치는 출산을 장려하기 위해 아동 수당을 증액했으며, 5명 이상의 자녀를 낳은 가정에는 세금을 완전히 면제하는 혜택을 주었다. 1936년부터는 출산한 아이 수에 따라 여성에게 '어머니 십자 훈장'을 수여했다. 4명을 낳은 여성은 동메달, 6명은 은메달, 8명은 금메달, 10명은 금과 다이아몬드 메달을 받을 수 있었다. 시상식은 히틀러의 어머니 생일인 8월 12일에 치러졌다.

　다산을 장려하기 위해 당근 정책만 사용한 것은 아니다. 채찍도 있었다. 나치는 낙태를 금지하고 비밀리에 낙태한 여성을 발각하면 엄격하게 처벌했다. 여성을 가정에 묶어두기 위해 직업을 가지는 것을 실질적으로 불가능하게 만들었다. 남편이 직장을 가진 기혼 여성의 경우, 공직 취업이 허용되지 않았다. 예비 부부가 결혼 전에 저리로 융자금을 받으려면 예비 신부가 직장을 그만두어야 했다. 이어서 나치는 여성의 투표권을 박탈했다. 전쟁으로 노동력이 부족해져도 자국의 여성 노동자는 고용하지 않았다. 모자라는 일손은 독일인이 아닌 이민 여성으로 채웠다. 이렇게 나치는 독일 여성을 철저히 출산 기계로 이용했다.

나치의 부정적 유산은 현대 독일 여성들에게 오랫동안 악영향을 미쳤다. 독일에는 결혼한 여성의 직장 생활을 금지하는 말도 안 되는 법이 1977년의 부부 가족법 개혁 이전까지 남아 있었다. 낙태권 역시 마찬가지다. 형법 218조는 임신 중단을 처벌하는 조항이었다. 독일 통일을 전후하여 여성들이 시위한 결과 1995년에 지금의 새로운 법안이 마련되었지만, 여성에게 온전한 결정권을 주지는 않았다. 현재 독일 여성은 "내 배는 나의 것이다Mein Bauch gehört mir"라는 구호를 외치며 온전한 임신 중단권을 획득하기 위해 여전히 싸우고 있다.

그런데 지구 반대편 대한민국의 페미니스트들이 '안전한 임신 중단권'을 요구한다고 해서 '페미나치'라니, 이야말로 역사 왜곡 아닌가? 나치는 여성의 낙태권을 부정하고 여성을 출산 기계로 여겼으며, 독일 페미니스트들은 이에 맞서 싸웠는데 말이다.

다시 말하지만, 낙태권을 주장한다고 해서 '페미나치'가 아니다. 나치는 여성의 자기 결정권으로서의 낙태를 금지했다. 굳이 어느 쪽이 나치인지 따진다면, 여성을 온전한 동료 시민으로 대우하지 않고 인구를 늘리기 위한 출산 도구로 취급하거나, 이를 정책으로 만들어 실행하기를 원하는 자들이 나치에 가깝지 않을까.

오빠가 허락하는 낙태는 합법,
그 외는 불법?

역사적 사실에도 맞지 않는 '페미나치'라는 말까지 써가며 여성의 자기 결정권인 낙태권을 공격하는 근본적 이유가 무엇일까?

인류가 낙태나 영아 살해를 인구 조절 방법으로 활용한 것은 잔인하지만 역사적 사실이다. 산업혁명 이전까지 인류의 주된 산업은 농업이었다. 농사지을 땅이 한정되어 있기 때문에 생산량은 비슷했다. 식량뿐만이 아니다. 연료, 의복과 주택의 재료, 집 지을 공간 등 생존에 필요한 모든 자원을 토지에 의존했다. 그러자 문제가 생긴다. 곡물의 수확량을 늘리기 위해 숲을 농지로 만들면, 연료로 쓸 나무가 부족해진다. 토지에서 식량이 될 작물만 재배하면 옷을 만들 재료가 모자라게 된다. 농사지을 토지를 주거지로 사용하면 식량이 부족해진다.

한정된 토지에 생산 총량이 달려 있기 때문에 인구가 증가하면 그에 맞춰 식량을 증산하기란 불가능했다. 식량이 부족해서 충분히 먹지 못하면 영양 부족으로 면역력이 약해진다. 이때 전염병이 돌면 인구가 급격히 줄어들었다. 인구가 감소하면 1인당 곡물 소비량이 늘어 영양 상태가 좋아졌다. 그러면 다시 인구가 증가하기 시작했다.

이렇듯 인류는 자연에 심하게 종속되어 살았다. 생산성이 한계에 도달하면 위기를 극복할 방법이 없기에 인구의 규모도 식량의 양에 맞춰서 늘어났다가 줄어드는 패턴을 반복했다. 인구가 늘어나면 식량을 찾아 대규모로 이동하든가, 식량과 땅을 확보하기 위해 전쟁을 벌이곤 했다. 이런 상황을 피하기 위해 인류는 평소에 인구를 조절해야 했는데, 방법은 금욕, 피임, 낙태, 영아 살해, 특히 여아 살해였다.

그러다가 18세기 중엽 이후 인류에게 새 시대가 열린다. 산업혁명 덕분에 토지에 의존하여 생산량과 인구 규모를 제한당하는 한계에서 벗어나게 된 것이다. 이는 1789년 프랑스대혁명때 중세적 신분 질서이자 절대군주제인 구체제, 앙시앵 레짐을 무너뜨린 것에 견줄 만한 혁명적 변화다. 정치적 사건이 아닌 경제적 변화인데도 산업'혁명'이라 부르는 이유다.

산업혁명 이후 세계의 인구는 기하급수적으로 늘어났다. 부국강병을 꿈꾸는 근대 국가는 군인 수를 늘리기 위해 출산 장려 정책을 펼쳤다. 그러나 여성들은 출산 기계로 이용당하는 것에 저항했다. 운동 단체를 꾸려 피임법을 보급하고 안전한 임신 중단권을 요구했다. 이에 전 시대까지 사회에서 암묵적으로 승인받아 각자의 선택에 달려 있던 낙태 문제에 국가의 법적 간섭이 시작되었다. 나라별로 다르기는 하지만, 낙태를 범죄로 규정하여 법으로 엄격히 금지하기 시작한 시기는 그 나라의 여성 운동이 활발히 일어나던 시기나 여성 인권이 급격히 신장하는 시기와 맞물려 있다. 일종의 백래시 현상이다.

우리나라의 경우를 살펴보자. 대한민국 형법에서 낙태가 범죄로 규정된 것은 1953년이다. 그러나 그 이후 국가가 낙태 죄를 늘 엄격히 적용한 것은 아니었다. 1970년대에는 산아 제한의 방법으로 '낙태 버스'까지 운영하며 낙태를 권장하기도 했다. 여성들의 죄책감을 덜어주기 위해 낙태 수술을 '월경 조정 술'이라고 부르기도 했다. 이렇게 낙태죄는 유지하되 그 규제는 완화해서 제한적으로 낙태를 허용하던 국가가 저출생 문제가 시급해지자 방침을 바꾼 것이다.

흥미롭게도 저출생 문제가 심각한 사회문제가 되기 전에 이미 여성의 낙태권을 제한하려는 움직임이 있었다. 1995년, 법에서 정해놓은 사유 외에 낙태했을 때는 낙태를 받은 여성은 물론 수술한 의사까지 처벌받도록 형법이 개정되었던 것이다. 그런데 1995년은 '여성 정책의 헌법'이라고 불리던 '여성발전기본법'이 제정된 해이기도 하다(이 법이 2014년에 개정된 것이 현재의 '양성평등기본법'이다). 그보다 1년 전에는 '성폭력 관련 특별법'이 제정되기도 했다. 또 1995년은 여자 고등학생의 대학 진학률이 49.8퍼센트로, 역사상 처음으로 50퍼센트에 근접한 해였다는 점에도 주목하자. 즉, 1995년은 여성 인권이 높아지는 것이 가시적으로 드러나기 시작한 시기였다. 바로 이때 낙태권을 제한한 것은 우연일까?

결국 낙태죄 적용 여부는 국가의 인구 정책 그리고 여성 인권 신장에 대한 남성들의 반발 정도에 달려 있다. 낙태죄를 두는 근본적인 목적은 태아의 생명을 보호하기 위해서가 아니라, 여성의 몸과 재생산 능력을 국가가 관리하려는 데 있다. 더불어 남성과 가부장의 권리를 국가가 보장하려는 목적도 있다. 낙태권은 원래 가부장의 권리였기 때문이다. 미국의 트럼프 전 대통령이 백인 보수 남성층의 지지를 얻기 위해 낙태 문제를 이용한 사례가 이런 사실을 증명한다.

　　고대로부터 가부장에게는 가족 생살여탈권, 즉 가족 구성원을 마음대로 죽이거나 살릴 수 있는 권리가 있었다. 구약 성경에서 아브라함이 아들 이삭을 죽이려 하고, 그리스 신화에서 아가멤논이 딸 이피게네이아를 죽이고, 우리 역사에서 계백이 처자식을 죽이는 장면이 좋은 예다. 가족 살해를 미화하는 이런 이야기들은 신앙심이나 애국심을 강조하는 것처럼 보이지만, 사실은 그렇지 않다. 자녀를 제물로 바치라는 요구를 받거나 국가의 흥망이 달린 전투에 참여하는 경우는 흔하지 않다. 이런 이야기에서 가부장의 슬픈 결단을 강조하는 이유는 평소 가부장이 폭력을 행사해도 큰 뜻이 숨어 있겠거니 믿고 가족 구성원들이 가부장에게 순종하게 만들기 위해서다.

　　고대 가부장의 생살여탈권은 지금도 남아 있다. '가족 살해 후 본인 자살'인 사건을 '가족 동반 자살'이라고 보도하는 것이 그렇다. 친밀한 관계에 있는 남성에게 살해당하는 여성들은 왜 이리 많은가. 관계에 문제가 생기면 이혼하거나 헤어지면 그만인데 남성이 굳이 아내나 여자 친구를 죽이는 이유는 생살여탈권을 가진 주인으로서의 권리를 행사하기 위해서다. 보수적인 부모가 "낳아주고 키워주었으니 고마워해라. 효도해라"라는 식의 말을 자꾸 하는 이유도 여기에 있다. 낳아서 '죽이지 않고' 키워주었으니 고마워하라는 의미다.

가족 구성원에 대한 생살여탈권의 맥락에서 가부장에게는 '낙태시킬 권리'도 있었다. 태아를 낳을지 말지 결정할 권리는 태아의 아버지나 임신한 여성의 아버지, 즉 가부장에게 있었다. 게다가 낙태 시행의 기준은 가부장의 이익 여부이지, 임신한 여성의 이익이 아니다.

생명의 소중함을 외치던 낙태 반대론자 남성들도 막상 본인이 원치 않은 임신을 하면 낙태를 원하지 않을까? 이에 대한 이야기가 있다. 《서유기》에서 손오공 일행이 서량녀국을 지나갈 때 삼장법사와 저팔계가 임신한다. 남성 없이 사는 여인국 여성들이 잉태하기 위해 마시는 자모하 강물을 마셨기 때문이다. 손오공은 낙태천을 지키는 요괴를 무찌르고 낙태천의 물을 떠 와서 둘에게 마시게 한다. 절망하던 삼장법사와 저팔계는 안전하게 낙태한 후 기뻐하며 여행을 계속한다.

아동용 축약본으로 《서유기》를 읽었을 때, 어린 나이였는데도 나는 이 부분이 매우 이상했다. 살생을 금하는 불교 수도자들이 왜 낙태를 할까? 삼장법사는 손오공이 생명을 함부로 죽인다며 항상 야단쳐놓고는 정작 자신은 낙태를 한다. 취경 여행이라는 그들의 목적에 임신과 출산은 방해가 되기 때문이다. 허구의 이야기이지만, 남성들도 생명의 소중함보다는 자신의 인생을 더 중요하게 여긴다는 것을 인정한다는 점이 드러나는 대목이다.

다시 말하지만, 예로부터 낙태권은 가부장의 고유한 권리인 생살여탈권에 속했다. 가족 구성원 중 누구를 죽이고 살리고 남길지는 가부장만이 정할 수 있기 때문이다. 가계 계승을 위해서, 혹은 농경 시대에 노동력 확보를 위해서 늘 여아만 죽인 것은 아니다. 물려줄 토지가 척박하거나 적은 지역에서는 첫아들만 살리고 다른 남아는 낳자마자 살해했다. 반대로 여자 아기는 살려두었다. 키워서 하녀나 창녀로 팔 수 있기 때문이다. 이렇듯 결정을 내리는 기준은 늘 가부장의 이익이었다.

이렇게나 막강한 권리를 감히 남성의 소유물인 여성이 누리려고 하는 것은 하극상이며 괘씸죄가 아닐 수 없다. 그래서 유명무실했던 낙태죄가 여성의 인권 관련 지표가 높아지자 각 나라마다 부활한 것이고, 안전한 임신 중단권을 달라는 여성들에게 일부 남성들이 자기 몸에서 일어나는 일도 아닌데 맹렬히 반대하는 것이라고 나는 생각한다. 생명의 소중함은 핑계일 뿐이다. 낙태를 결정할 수 있는 남성 혹은 가부장의 고유한 권리를 차마 잃을 수 없어서, 여성의 몸을 남성의 소유물로 생각해서다. '오빠가 허락하는 낙태는 합법, 그 외는 불법'이니까.

왜 여자라
재수 없다고 말할까?

    나는 성차별주의자들이 갖는 전근대인의 망탈리테에 관심이 많다. 여성 혐오 언행을 목격하거나 성폭력에 관한 통념을 들으면 화도 나지만 궁금하기도 하다. "저 사람은 왜 저렇게 생각하게 되었을까?" 싶어서 말이다. 그래서 책을 찾거나 역사나 문화적 내력을 추적해본다. 무엇보다도 내가 지금껏 보고 듣고 겪은 일들이 너무나 이해가 가지 않아서다.

    그러다가 한정된 토지에 총생산량이 제한되어 있던 산업혁명 이전의 역사를 알고 나니 궁금증이 좀 풀렸다. 산업혁명 이전에는 한정된 토지에 의존하여 살아가기에 인구의 규모도 식량의 양에 맞춰서 늘어났다가 줄어들었다. 그래서 전근대인들은 한 지역에서 거둘 수 있는 생산물의 총량은 정해져 있다고 믿었다. 누가 풍작을 거두면 다른 누군가는 흉작을 거두어야 했기에, 농사가 망하거나 가축이 병들어 죽으면 남이 자신에게 저주를 걸었다고 생각했다. 저주를 거는 이유는 다른 이의 곡식을 빼앗아 자신의 생산량을 늘리기 위해서다. 피해를 당한 사람은 돈을 받고 저주를 걸어준 마녀로 의심되는 여성을 찾아 보복했다. 이는 대규모 마녀사냥으로 이어지기도 했다.

산업화 시대로 접어든 후 더 이상 토지에 생존이 달려 있지도 않건만, 생산물의 총량은 정해져 있다고 믿는 사고방식은 지금도 남아 있다. 여성과 성소수자가 차별받는 현실에 대해 문제를 제기하면 다음과 같이 반응하는 사람들이 반드시 있는 것을 보라. "그렇다면 남성은? 남성은 차별해도 되나? 남성의 인권은 중요하지 않아?"

이해는 간다. 이런 사람들은 인권에 총량이 정해져 있다고 생각하는 것이다. 한심하다. 생산 총량이 정해져 있어서 누군가의 농사가 잘되면 내 농사가 망한다고 믿던 중세인의 사고방식에서 아직도 못 벗어나다니.

이뿐만이 아니다. 딸이 공부를 잘하거나 재능이 많으면 오빠나 남동생의 앞길을 막는다며 구박하는 부모의 사고방식, 며느리가 승진하면 아들이 기가 죽는다며 싫어하는 시부모의 사고방식도 마찬가지다. 한 가정의 지능과 행운의 총량은 정해져 있는데, 딸이나 며느리가 아들의 몫까지 차지할까 봐 걱정해서다. 병든 가부장이 수발드는 아내나 딸에게 고마워하기는커녕 때리고 폭언하는 이유도 여기에 있다. 단순히 자신이 아프다고 화풀이로 때리는 게 아니다. 상대를 아프게 해서 자신의 아픔을 덜기 위해서다. 한 가정에는 고통의 총량도 정해져 있는데, 아내나 딸이 멀쩡해서 내가 대신 아프다고 믿기 때문이다.

아아, 안타까워라. 어떤 이들은 아직도 생산량 총량제를 믿는 옛날 사람이었던 것이다. 그런데 여전히 이상하다. 왜 굳이 여성을 탓할까? 다른 남성도 있는데 말이다. 여성이 더 만만한 사회적 약자여서 그런 것일까? 아니면 다른 이유가 더 있을까?

나는 9살부터 안경을 썼다. 같은 반 남자애들은 "안경 쓴 여자는 재수 없다"고 놀렸다. "안경 쓴 여자가 마수걸이면 재수 없다"며 택시 승차와 가게 입장을 거부당하는 일도 많았다. 분하고 억울했다. 안경 쓴 여자는 책을 많이 읽고 공부를 많이 했기에 남성의 기를 죽인다고 생각했던 걸까? 성인이 되어 콘택트렌즈를 끼고 라식 수술을 받았지만, 여전히 재수 없다는 말을 들었다. 그러니까 원인은 안경이 아니었던 것이다.

아침 첫 손님이어서도 아니었다. 아침이 아닌 다른 시간에도, 혹은 다른 상황에도 "여자가 끼어들면 재수 없다"거나, 심지어 아무 말도 안 했는데 그냥 "여자는 재수 없다"고 비난하는 사람도 있었다. 그렇다면 문제는 여성이라는 존재 자체였다. 타인만이 아니라 아버지나 오빠, 친구처럼 친근한 관계에 있는 남성들도 그런 말을 뇌 맑게 하곤 했으니, 친소親疎 관계나 인격의 문제라기보다는 그냥 사회 통념인 듯했다.

왜 주위에 여자가 있으면 재수 없어서 일이 잘되지 않고 망한다고 생각할까? 자신들의 능력 부족이나 불운을 인정하기 싫으니까 만만한 약자를 탓하는 것은 잘 알려진 이유지만, 또 다른 이유가 있을 법했다.

찾아보니 '무영탑(석가탑) 전설'에 이런 여성 혐오가 담겨 있었다. 전설의 내용은 이렇다. 남편인 석공이 석가탑을 만들고 있는데 아내가 찾아간다. 현장 감독은 만남을 허락하지 않는다. "탑을 완성하기 전에 여성을 들이면 부정 탄다"는 이유였다. 아내는 연못가에서 완성된 탑의 그림자가 비치기만을 기다리다가, 끝내 물에 뛰어들어 생을 마감하고 만다. 알고 보니 석가탑은 그림자가 생기지 않는 탑, 무영탑無影塔이었다. 여기서, 감독은 왜 석공 부부의 만남을 허락하지 않았을까? 탑을 완성하기 전에 여자를 들이면 부정 탄다고 믿은 이유는 무엇일까?

고대인들은 자연 상태에 있는 모든 것을 인간에 빗대어 생각했다. 돌이나 쇠붙이로 물건을 만드는 것도 인간의 탄생과 마찬가지라고 여겼다. 한 인간의 생명 에너지를 온전히 쏟아야 그 작업이 성공한다고 믿었기에 대장장이나 석공에게는 금욕이 필수였다. 작품을 만드는 데 쓸 창조적 에너지를 성적 결합에 써버리면 석공이 가진 에너지 총량이 줄어들기 때문이다. 창작자의 생명 에너지가 작품을 만드는 데로만 가지 않고 다른 존재, 즉 아기를 만드는 데로 흘러가면 온전한 생명을 지닌 명작을 만들 수 없다고 믿었기에 감독은 부정 탄다며 석공의 아내를 따돌린 것이다. 앞서 이야기한 산업혁명 이전의 생산량 총량제와 같은 맥락이다.

무영탑 전설처럼 남성이 창조적 에너지의 총량을 보존하여 중요한 일에 온전히 쏟기 위해 성관계를 삼가던 풍습은 후대로 내려오면서 남성들이 일하는 작업장에 여성을 들이지 않는 풍습으로 발전했다. 그리고 이는 여성 자체를 재수 없는 존재로 여겨서 차별하는 악습이 되었다.

안동에 전해지는 하회탈 전설도 살펴보자. 고려시대 안동의 허 도령은 마을의 재앙을 없애려면 탈을 12개 만들어 굿을 하라는 신의 계시를 받는다. 허 도령은 작업장에 외부인의 출입을 막기 위해 금줄까지 치고 탈을 제작하는 데 전력을 쏟는다. 11개의 탈을 만들고 마지막으로 이매탈을 만들 때 허 도령을 사모하던 처녀가 작업장을 몰래 엿본다. 그 순간, 허 도령은 그 자리에서 피를 토하고 죽는다. 지금도 이매탈에 턱이 없는 것은 허 도령이 부정을 타서 탈을 완성하지 못하고 죽었기 때문이라고 한다.

왜 여성이 작업장을 엿보기만 해도 문제가 생긴다고 생각했을까? 그것은 여성이 가진 막강한 생명 에너지가 창작자 남성이 지닌 에너지를 능가하기 때문이다. 이런 연유로 여성은 그 존재 자체가 부정 탄다고 믿으면서 "여자는 재수 없다"는 성차별 의식이 생겨났다.

고대의 무영탑 전설이든, 중세의 하회탈 전설이든, "여자는 재수 없다"라고 욕하는 현대의 성차별주의자든, 거슬러 올라가 기원을 살펴보면 여성의 성적인 에너지, 새 생명을 만들어내는 출산 능력, 다달이 피 흘려도 죽지 않는 생명력을 경외하던 고대인의 오래된 무의식이 숨어 있다. 그래서 나는 여성을 '피싸개'라고 부르는 지금의 여성 혐오자들이 우습다. 고대인도 아니면서 월경하는 여성을 두려워해서 차별하는 말로 놀리다니. 민담을 통해 되살아난 이미지들은 상징이 갖는 본래의 의미를 드는 사람이 의식적으로 이해하지 못하는 경우라도 그의 영혼에 직접적으로 작용한다는, 미르치아 엘리아데의 글이 떠오른다.

　작가이기에 전근대인의 불합리한 사고방식이 현대 성차별주의자들의 망탈리테에 이어지는 사례에 관심이 많기는 하지만, 그 이유를 글로 써서 널리 알리는 것만으로 현실의 문제가 해결된다고 생각하지는 않는다. 이 글을 읽는 분들에게 제안한다. 일상에서 차별과 혐오의 언행을 목격하면, 그런 짓을 하지 못하게 막는 일에도 우리의 창조 에너지를 나누어 쓰자고. 더 좋은 세상을 만들기 위해 쓰는 에너지에는 총량 제한 따위는 없으니까.

가성비 좋은 혐오와
차별의 정치

2022년 2월, 윤석열 대통령이 대선 후보 시절에 제작한 TV 광고에는 성차별 현실을 심하게 왜곡하는 장면이 있었다. 정장을 차려입은 한 남성이 신입사원을 공개 채용하는 면접 자리에 앉아 있는데, 면접관 3명 중 2명이 여성이다. 남성은 옆자리에서 환하게 웃고 있는 여성 면접자를 보고 위축된다. 결국 남성은 면접장을 나오면서 가슴에 단 수험표를 거칠게 떼고 만다. 이때 흐르는 내레이션과 자막. "무너진 공정과 상식을 바로 세우라고."

광고에서는 "공정과 상식이 무너졌습니다"라며 면접관이 여성이기에 여성 지원자에게 혜택을 준 것처럼 표현했다. 그러나 같은 여성을 봐주려 해도 여성 면접관 자체가 많지 않은 것이 현실이다. 성차별로 인해 고위직까지 승진하는 여성의 수가 적기 때문이다. 우리나라 100대 기업의 임원 중 여성의 비율은 4.8퍼센트로, 유리천장 지수가 9년째 세계 최고다. 2019년 한국여성정책연구원에 따르면 채용 담당 임원이나 면접 담당자 중 여성의 비율은 실무 면접 22퍼센트, 최종·임원 면접 16.5퍼센트였다. 여성은 특혜는커녕 오히려 여성 응시자에게만 불리한 질문을 하는 형태로 성차별을 받는다. 남자 친구가 있는지, 결혼이나 출산을 할 것인지, 군대나 미투에 대한 의견이 어떤지 등을 묻는 식이다.

한편 면접이 끝난 후에 심사위원이 부여한 점수를 조작해 여성 지원자들을 탈락시킨 사례도 많다. 2015년 상반기에 채용 성비 조작으로 남성을 110명이나 더 채용하여 기소된 KB국민은행이 대표적이다. 대법원은 국민은행 임직원 4명에게 각각 징역 1년에 집행유예 2년을 선고한 원심을 확정했다. 이 사건에 대한 1심 선고문을 보자. "ㄱ씨 등은 심사위원이 부여한 점수를 사후에 조작하는 방법으로 여성을 채용에서 배제하고 청탁으로 특정인을 합격자로 만들어 채용 절차를 방해했다. 다만 경제적 이득을 취했다고 볼 사정이 없고 잘못된 관행을 답습하는 과정에서 범행에 이르게 됐다." 여기에서 "잘못된 관행을 답습하는 과정에서"라는 대목에 주목하자. 공정한 법관은 구조적 성차별이 우리 사회의 잘못된 관행이라고 적시했다.

그런데 같은 법조인 출신인 윤 대통령의 의견은 다르다. 그는 2022년 2월 7일 자 〈한국일보〉 인터뷰에서 "구조적 성차별은 없다. 차별은 개인적 문제"라고 발언했다. 그렇다면 지금은 여성과 남성과 또 다른 성을 떠나, 어떤 성별이든 구조적인 차별을 받지 않는 세상이니까 차별을 당한다면 개인적 불행이나 능력 부족의 문제라는 말이 아닌가. 그런데도 윤 대통령의 광고는 '남성에 대한 구조적 성차별'이 있으니 공정과 상식이라는 차원에서 바로잡아야 한다고 주장한다. 이런, 이런. 자신이 한 말조차 앞뒤가 맞지 않는다.

윤 대통령만이 아니다. "지금 세상에는 성차별이 없다"라고 주장하는 사람들이 많다. 남성들이나 성차별주의자들만 그런 것도 아니다. 나이와 성별을 떠나, "성차별은 예전에나 있었지, 지금은 없다"라고 생각하는 분들을 많이 보았다. 물론 현실과 다르지만, 그렇다고 해서 그런 말을 하는 사람들을 모두 성차별주의자로 몰아가는 것은 위험하다. 현대사를 살펴보면 그렇게 착각하게 만들 만한 이유가 충분하기 때문이다.

대개 성차별이라면 아들은 대학 보내고 딸은 공장에 보내서 아들의 학비를 벌어 오게끔 했던 일을 떠올리게 마련이다. 그렇게 교육받지 못한 결과 우리의 어머니, 할머니 세대 여성들은 평생 무시받고 '손발 노동'(윤 대통령의 표현을 빌리면)을 하며 힘들게 살았다. 1960년 통계청의 인구총조사에 의하면, 그 당시 13세 이상 문맹률은 28퍼센트였는데, 이 중 72.2퍼센트가 여성이었다. 총 인구에서 여성의 문맹률은 약 40퍼센트에 달했다. 딸은 초등학교도 보내지 않은 집이 많았기 때문이다. 그러나 2002년에 이르러 남녀의 대학 진학률이 다 70퍼센트를 넘었고, 2009년부터는 여학생의 대학 진학률이 남학생보다 높아져서 현재까지 5~7퍼센트나 차이가 난다. 여성의 고등교육률은 성평등 상태를 가시적으로 보여주는 대표적 통계다. 그러니 더 이상 구조적 성차별은 없다고 생각할 수도 있다.

그런데 이상하다. 여성의 대학 진학률은 높아졌는데 여성의 지위는 왜 이렇게나 낮을까? 2021년 현재, 우리나라의 성별 임금 격차는 OECD 국가 중 1위이고, 성 격차 지수는 세계경제포럼에 속한 156개국 중 102위다. 엄청난 괴리다. 유엔 등 국제기구에서도 미스터리라고 할 정도다. 대개 여성의 고등교육률이 낮은 나라에서 여성의 인권이 낮은데, 한국은 그렇지 않기 때문이다.

1960년대 초, 한국의 합계 출산율(한 여성이 가임기인 15~49세에 낳을 것으로 기대되는 평균 출생아 수)은 6.3이었다. 1961년 박정희는 쿠데타에 성공한 후, 제1차 경제개발 5개년 계획 중 하나로 가족계획 사업을 시작했다. 아이를 적게 낳는 것이 경제 발전으로 이어져서 개인과 국가가 잘살 수 있는 길임을 강조했다. 이 사업은 1980년대 후반에 종료되기까지 25년간 국가 시책이었다. 1960년대까지는 세 자녀를 낳게 하는 것이 목표였지만, 1971년부터는 두 자녀로 목표를 수정했다. "3살 터울 셋만 낳고 35세에 단산하자"라는 슬로건은 "아들딸 구별 말고 둘만 낳아 잘 기르자"로 바뀌었다. 그 결과, 1983년에는 합계 출산율이 2.06이었다.

소설 《82년생 김지영》에서 '82년생'이 중요한 이유가 바로 여기에 있다. 대여섯 명의 자녀가 있던 시절에는 부잣집이거나 아주 교육열이 강한 집안이 아닌 이상 장남만 공부시키고 나머지 자녀들, 특히 딸들은 희생시켰다. 그러나 가족계획을 실행하면서 자녀가 2명으로 줄어들자 이제 딸에게도 학비를 투자하기 시작했다. 합계 출산율이 2 이하가 되던 1984년에서 20년이 지난 시점부터 여학생들의 대학 진학률이 남학생과 비슷해진 이유다. 통계청이 내놓은 '2005년 통계로 보는 여성의 삶'에 따르면 2004년 여학생의 대학 진학률은 79.7퍼센트(4년제 57.5퍼센트)였다. 남성의 82.8퍼센트(4년제 60.4퍼센트)와 크게 차이가 나지 않는다. 합계 출산율이 1.5 상태로 5년째 유지되던 1990년에 태어난 아이들이 대학에 진학하는 2009년부터는 여학생의 대학 진학률이 남학생보다 높아졌다. 적어도 1982년생 김지영 세대 이후로는 교육 기회 면에서 성차별이 당연하거나 보편적인 일이 아니게 된 것이다.

그러므로 현재 우리나라 여성의 고등교육률이 높아서 사회가 성평등해 보이는 것은 일종의 착시 현상이다. 여성의 대학 진학률이 높은 것은 한국 사회의 구조적 성차별이나 성차별 의식이 자연스럽게 사라져서가 아니라, 국가 주도의 강압적인 산아 제한 운동이 성공해서다. 자녀 수가 줄었기에 부모가 딸에게도 노후에 봉양하길 기대하여 가정 내의 자원을 분배해주기 시작한 것이다. 그리하여 사회의 차별 구조와 사람들의 의식은 과거 할아버지, 아버지 세대와 크게 다르지 않은데, 교육의 기회를 얻은 딸들, 1980년대 이후에 태어난 젊은 여성들은 한 세대만에 급격히 성평등 의식이 깨어 앞서가게 되었다. 그 차이를 사회가, 일반 남성이 못/안 따라가는 것이 현재 여러 가지 문제가 생기는 이유 중의 하나라고 나는 생각한다.

냉철히 따져보자. '공정과 상식'이 통하는 지필고사 경쟁으로 대학 입시를 치를 때에는 그렇게나 우수했던 여학생들이 졸업 후 각종 기업 공채에서는 왜 합격률이 현저히 낮을까? 군 복무 기간 동안 여학생들이 취업 준비를 더 많이 하기 때문에 남학생들은 취업에 불리하다고 주장하는 사람들이 있다. 그런데 왜 남자들보다 더 오래 공부하고 준비한 여성들이 남성들보다 20퍼센트나 낮은 고용률을 보일까? 취업 후에도 왜 고위직까지 승진하지 못할까? 이런 현실이야말로 구조적인 성차별이 존재한다는 증거다. 무려 21세기에 성차별주의자들의 주장을 반영하는 공약을 내건 대통령 후보가 남성들의 높은 지지를 얻는다는 사실이야말로 구조적인 성차별이 건재하다는 증거다.

한편 중요하게 살펴볼 지점이 있다. 윤 대통령은 후보였을 때 왜 여가부를 없애겠다거나 현재 한국 사회에는 구조적 성차별이 없다고 주장했을까? 20대 남성의 표심을 잡기 위해서라는데, 그렇다면 20대 남성을 위한 공약을 새로 만들어 발표하는 것이 옳은 방법일 텐데 말이다. 그 이유는 새로운 공약을 구상해서 당선된 후 실천하는 것보다 이런 발언이 더 쉽고 비용이 싸게 드는 반면, 정치적으로 얻는 것은 많기 때문이다.

《린다 브렌트 이야기》(원제: Incidents in the Life of a Slave

Girl)는 해리엇 제이콥스가 1861년에 쓴 자서전이다. 흑인 노예 소녀로서의 삶을 담담히 회고한 이 책은 흑인들의 삶과 노예제도, 백인들의 성폭력을 연구할 때 중요한 사료로 쓰인다. 책에서 한 대목을 인용한다.

> "월요일 저녁이 되었다. 그 시간은 언제나 바빴다. 월요일 밤은 노예들이 일주일치의 음식을 배당받는 시간이었다. 남자들은 한 명당 고기 3파운드, 옥수수 16파인트, 청어 열두 마리를 받았다. 여자는 고기 1.5파운드, 옥수수 16파인트, 청어 열두 마리를 받았다."

여성 노예들은 남성 노예들이 받는 고기의 절반을 배급받았다는 사실에 주목하자. 연구자들은 지적한다. 노예제가 있던 당시 미국 남부에서 흑인 노예들의 반항을 억누른 방법 중 하나는 남성 노예들에게 여성 노예들보다 음식을 많이 주는 것이었다고. 자신보다 더 차별받는 여성 노예들이 있기에 남성 노예들은 현실에 만족하고 백인 노예주에게 저항하지 않았다고.

이런 예는 우리 역사에도 있다. 일제 강점기, 우리나라 여성 노동자의 비율은 전체 공장 노동자의 3분의 1 정도였다. 그런데 조선인 남성 노동자는 일본인 남성 노동자들이 받는 임금의 2분의 1을, 여성 노동자는 4분의 1을 받았다. 《여성의 눈으로 본 한일 근현대사》에 정확한 금액이 실려 있다. "1931년 당시 성년공 일당 평균은 일본 남성 1.87원, 일본 여성 85전, 조선인 남성 85전, 조선인 여성 46전이었다." 특히 방직공업 노동자 대부분을 차지하는 조선인 소녀 노동자들은 일본인 성년 남성 노동자 임금의 7분의 1을 받았다고 한다. 조선인 남성 노동자들은 일제 치하 현실에 불만을 품고 반발하다가도, 같은 일을 하고서도 자신들보다 절반의 임금을 받는 조선인 여성 노동자들을 보면서 남성으로서의 우월감을 느끼고 만족했다. 결국 일본인 공장주들은 조선인 여성 노동자들을 차별함으로써 전체 인건비도 절약하면서 조선인 남성 노동자들을 효과적으로 지배할 수 있었다.

이런 역사적 사례를 보면 패턴이 보인다. 한 집단을 대접해주는 방법은 당연히 그 집단에 좋은 대우를 해주는 것이다. 그러려면 비용이 많이 든다. 여기에 편법을 쓰는 지배자들은 A집단보다 차별당하는 B집단을 만들어 A집단 아래에 깔아준다. A집단 사람들이 상대적인 우월감을 느끼고 현실에 안주하여 새로운 요구를 하지 않게끔 말이다. 이는 지배 집단의 입장에서는 비용을 아끼면서 A집단의 환심을 사는 가성비 좋은 방식이다. 20대 남성 표심을 얻기 위해 구조적 성차별은 없다며 여가부를 없애겠다는 공약을 내세우는 것도 같은 맥락으로 볼 수 있다.

　이런 정치 전략은 매우 위험하다. 제1차 세계대전에서 패배한 후 독일에 닥친 위기를 유대인 혐오로 극복하려 했던 히틀러를 거론할 필요도 없다. 미국에서 트럼프 전 대통령이 재임하던 당시에 인종차별 폭력이 만연했던 사실을 잊지 말자. '가성비 좋은 혐오와 차별 정치'의 결과는 늘 끔찍한 현실이었다. 여성이나 소수자 때리기를 통해 남성 유권자들의 표심을 사려는 정치인들을 조심해야 하는 이유다.

가해자에게는 미래가,
피해자에게는 과거가 있다?

성폭력 사건이 발생하면 한 언론사에서 선정적인 헤드라인을 달고 사건을 보도하고, 이후에 다수의 언론사에서 비슷하게 쓴 기사를 보도하는 경우가 많다. 스스로 만든 '성폭력 보도 가이드라인'을 위반한 기사들이다. 그러면 피해자를 모욕하고 공격하는 댓글이 달리기 시작한다. 또한 인터넷 커뮤니티에서도 심각한 2차 가해 게시글과 댓글이 달린다. 사실상 언론사의 초기 보도가 2차 가해를 유도한 셈이다. 언론사는 반성해야 마땅하다.

그런데 여기에는 근본적인 문제가 있다. 성폭력 사건이 발생하면 피해 여성이 원인을 제공했다며 피해자를 탓하는 문화가 우리 사회에 만연한 현상 말이다. 예를 들면 "그러게, 왜 그렇게 술을 많이 마셨대?", "옷차림에 문제가 있었던 것 아냐?", "여자가 먼저 꼬리쳤겠지", "여자가 예뻤나 보다" 등등. 이는 기사 댓글이나 인터넷 게시글에서만 볼 수 있는 반응이 아니다. 여성들이 일상에서 겪은 크고 작은 성폭력을 증언할 때마다 주위에서 듣는 말이기도 하다. 심지어 가해자 측이 아닌 피해자의 지인들에게서도 말이다.

이상하다. 모든 폭력 사건이 발생하는 원인은 명확하다. 가해자가 폭력을 저질렀기 때문이다. 그런데 왜 성폭력 사건이 발생하면 피해 여성을 탓하는 걸까? 상대 여성의 상황에 따라 성폭행을 해도 된다고 생각하는 이유가 뭘까? 술 마시고 취한 남자는 폭행당해도 된다고 생각하는 사람은 없는데, 취한 여자는 성폭행당해도 싸다고 말하는 사람들은 왜 이렇게나 많을까?

현재 벌어지고 있는 각종 성차별, 성폭력 사건의 바탕에는 가부장과 남성의 권력 행사를 당연시하는 전근대인의 망탈리테가 있다고 나는 늘 주장한다. 이번에는 남성들이 가진 '강간할 권리'에 대해 설명하겠다. "강간할 권리라니? 세상에 그런 권리가 어디 있단 말인가?"라며 거부감부터 내비칠 사람도 많을 것이다. 물론 누구나 알고 있다. 당연히 강간을 해서는 안 되며 성폭력은 권리가 아니고 처벌받는 강력범죄라는 것을. 그러나 역사적으로 살펴볼 때, 남성들의 강간할 권리는 실제로 있었으며 늘 보장되었다. 21세기인 지금까지도 건재하다. 각종 성폭력 사건에 보도된 가해자들의 잘못된 행동과 사람들의 반응을 보면 그러하다.

고대 가부장제 사회의 가부장은 처자식들의 생살여탈권과 처자식을 팔 권리 등 막강한 권력을 누렸다. 가족 구성원은 가부장에게 절대 복종해야 했다. 가부장은 아내에게 정조를, 딸에게 처녀성을 강요했다. 자신의 이익과 다른 남성 집단과의 동맹을 위해 집안의 여성들을 물건처럼 정략결혼으로 교환했다.

한편 가부장들끼리는 평등하지 않았다. 농경이 시작되고 사유재산이 생기면서 계급이 발생했기 때문이다. 부유하고 권력을 가진 상류계급의 가부장은 여러 여성을 거느리며 일부다처제를 누렸다. 일부다처제와 축첩이 법으로 금지된 곳에서도 상류계급은 역사 이래 현실적으로는 늘 일부다처제였다. 그러자 상류계급이 아닌 남성들에게는 여성이 부족해졌다. 낮은 계급에 속한 남성들의 불만을 잠재우고 그들의 공격성이 상류계급 남성들에게 향하지 않도록 막기 위해 성매매가 생겨났다. 또 상류계급 남성들이 소유한 여성들을 성폭행하는 것을 막기 위해, 자신이 속한 계급보다 낮은 계급의 여성들에 대한 성범죄를 용인해주었다. 이리하여 남성들은 아래 계급에 속한 여성들을 성적으로 착취할 권리를 누렸다. 그것이 바로 '강간할 권리'다.

"…… (중략) 그놈이 감히 당신을 겁탈하려고 들다니! 당신이 성당지기들의 짝이 될 줄 알았던가! 어림도 없지. 그래 대관절 그 부엉이 같은 놈이 당신을 어떻게 하려고 했던 거지? 응, 말해봐!"

"저도 몰라요." 그녀가 대답했다.

"어디서 감히 그런 무엄한 짓을! 종지기 주제에 마치 자작처럼 처녀를 겁탈하려고 들어! 천민이 그래 귀족의 사냥감을 밀렵을 해! 그건 드문 일이야."

— 《파리의 노트르담 2》, 민음사, 25쪽.

빅토르 위고의 소설 《파리의 노트르담》은 중세에서 근대로 이행하던 15세기 파리와 민중의 모습을 담고 있다. 페뷔스가 콰지모도에게 납치당하는 에스메랄다를 구해주는 대목에서, 페뷔스의 말에 주목하자. 귀족인 페뷔스는 집시 처녀 에스메랄다를 '귀족의 사냥감'으로 여긴다. 콰지모도의 죄는 여성에 대한 폭력이 아니라 상류계급의 재산을 강탈하려 들었다는 것이었다. 상류계급 남성들에게는 자신보다 아래 계급에 속한 여성을 강간할 권리가 있기 때문이다. 사실, 귀부인에게 정신적인 사랑을 바치던 매너 좋은 중세 유럽의 기사들은 농민 여성을 강간하길 일삼던 범죄자 집단이었다. 멀리 갈 것도 없다. 우리나라 문학작품에도 상류계급 남성들이 강간할 권리를 행사하는 예가 많다. '도미의 처' 설화나 〈춘향전〉 등등.

그러면 문제가 생긴다. 같은 계급 여성들을 빼앗길 처지에 있는 하층 계급의 남성들이 반발한다. 그들에게도 동등하게 강간할 권리를 주어야 한다. 그러나 하층 계급의 남성들이 서로의 아내나 딸, 누이를 강간하면 사회문제가 된다. 그래서 하층 여성 중에서 최하층의 여성인 창녀를 강간할 권리를 준다. 당연한 권리를 행사한 것이므로 창녀를 강간하면 무죄다. 실제로 법 조항도 있었다, '창녀를 강간하면 무죄'라는. 영국에서는 12세기, 프랑스에서는 16세기까지 있었다. 그리하여 창녀는 물론이고, 창녀가 아니라도 이미 성 경험이 있거나 성적 파트너가 많은 여성을 강간하면 어느 시대, 어느 나라에서든 무죄 선고를 받고 풀려나기 일쑤였다.

우리나라의 경우를 보자. 1995년에 개정되기 전까지 성폭력을 규정한 형법 제32장은 '정조에 관한 죄'였다. 여성의 정조를 유린하여 여성의 주인인 가부장 남성에게 피해를 준 죄란 뜻이다. 여성을 남성의 소유물로 보는 고대의 사고방식이 보인다. 그런데 이 법 조항에는 치명적인 문제가 있다. 평소에 정조를 지키지 않던 여성은 성폭력을 당해도 피해받는 남성이 없으니 죄가 되지 않는다는 말이 되기 때문이다.

그리하여 1950년대의 박인수 혼인 빙자 간음 사건 때 이런 판결문이 등장했다. "법은 정숙한 여인의 건전하고 순결한 정조만을 보호할 수 있는 것을 밝혀두는 바이다." 이는 '법은 보호할 가치가 없는 정조는 보호하지 않는다'가 되어 성폭력 사건이 발생하면 가해 남성을 무죄로 만들어주기 위해 피해 여성의 사생활을 파헤치며 2차 가해를 하는 근거가 되었다. 피해 여성을 평소 행실이 문란한 여성, 즉 창녀로 만들어버리면 강간범은 무죄 선고를 받을 수 있기 때문이다.

가해자 측 지인들만 그런 것이 아니다. 성폭력 사건을 보도한 기사의 댓글을 보면 너무나 많은 사람이 피해자에게 원인을 묻고, 피해 여성의 아픔과 분노보다 가해 남성의 창창한 앞날을 걱정한다. 이 현상에 대해 인터넷에 떠도는 명언이 있다. "가해자에게는 미래가 있고, 피해자에게는 과거가 있다." 역사적으로 문제 있는 여성을 강간하면 무죄였고, 남성은 그저 강간할 권리를 행사했을 뿐이니, 강간을 유도하여 한 남성의 창창한 미래를 망친 여성 쪽이 잘못이라고 생각하는 사고방식을 비판한 명언이다.

성폭력을 당한 피해자에게도 일부 책임이 있다는 생각은 매우 위험하다. 피해자에 대한 2차 가해임은 물론이고, 계속해서 더 많은 피해자가 생겨나게 한다. 직업(창녀건 성녀건, 강간하면 무조건 유죄다), 음주 여부, 옷차림새 등에 따라 피해자 여성에게 원인을 제공했다고 따지는 것은 가해자에게 면벌부를 준다. 다시 말해 범죄자가 빠져나갈 구멍을 만들어주고 '강간할 권리'를 보장해준다. 이런 사고방식에 젖어 있으면, 선량한 남성들도 어느 순간 성범죄를 저지를 수 있다.

모든 폭력의 원인은 가해자다. 성폭력 범죄의 원인 역시 가해자다. '선량한 대부분의 남성을 잠재적 가해자로 몰아간다'고 억울해하기 이전에, '문제 있는 여성을 강간할 권리'를 보장해주어 남성들이 가해자가 되기 쉽게 만드는 사회 문화부터 함께 고쳐나가길 제안한다.

2부

부풀린 코드피스와
실체도 없는 메갈 집게손 소동

여기, 한 남성의 초상화가 있다. 그림의 주인공은 16세기 잉글랜드의 왕 헨리 8세. 이혼하기 위해 종교개혁을 하고 두 아내를 참수한 것으로 유명하지만 영국의 절대 왕정을 성립한 인물이기도 하다. 그는 여러 번의 결혼과 이혼 소동을 통해 귀족 세력, 의회, 신학자, 법률가를 길들였다. 종교개혁으로 가톨릭 수도원을 해산하고 토지를 몰수하여 왕실 재정을 살찌웠다. 당시는 종교가 곧 정치요, 외교였던 시대였다. 영국은 이때 로마 교황청으로부터 독립했기에 대륙의 종교전쟁에 휘말리지 않고 내실을 기하며 발전할 수 있었다.

이 초상화에서 절대 군주 헨리 8세의 존재감은 압도적이다. 그림에는 왕관이나 왕홀 등 왕을 상징하는 소품이 없다. 그

한스 홀바인 주니어의 헨리 8세 초상화(1537). ⓒ 위키피디아

런데도 왕의 권력과 위엄이 느껴진다. 기마상도, 갑옷 차림도 아니고 큰 칼을 들고 있지도 않은데도 전사 우두머리임을 한눈에 알아볼 수 있다. 이유는 자세와 의상에 있다. 그는 다리를 벌리고 허리를 꼿꼿이 세우고 손을 허리춤에 대고 정면을 똑바로 바라보고 있다. 히어로 영화 주인공들의 전형적인 '파워 포즈'다. 윤기 흐르는 모피와 섬세한 자수, 여러 개의 반지와 굵은 목

걸이는 그의 지위와 재력을 드러낸다. 오른손에는 장갑을 쥐고 있는데, 당장이라도 던질 듯 긴장한 팔을 굽히고 있다. 장갑을 던진다는 것은 선전포고와 결투 신청을 의미한다는 점에서 예사로워 보이지 않는다. 두툼하게 부풀린 어깨와 강조된 다리 근육은 남성성을 과장한다. 그런데 그의 양손 사이에는 부풀린 것이 하나 더 있다. 복식사에서는 이를 '코드피스'라고 부른다.

코드피스codpiece를 사전에서 찾아보면 이렇다. 1. 샅에 차는 주머니 2. 고간 주머니 3. 음경. '코드cod'는 주머니, 음낭이고 '피스piece'는 조각을 뜻하므로, 코드피스는 남자의 바지 앞부분의 덮개 천을 가리킨다.

서양 중세의 남성들은 허벅지까지 올라오는 타이즈같이 생긴 바지를 입었다. 이를 '호스hose'라고 부른다. 호스는 지금의 레깅스와 달리 양쪽 다리가 분리되어 있어서 끈이나 단추로 고정해야 했다. 가운데 터진 부분은 긴 외투나 튜닉을 입었기에 자연스레 가려졌다. 그런데 문제가 생겼다. 짧은 외투가 유행하기 시작한 것이다. 그러자 남성들은 천을 덧대어 성기를 보호하는 한편 노출되지 않게 했다. 이상이 코드피스의 유래다.

어느 시대나 패셔니스타들은 있는 법. 점잖은 어른들은 질색했건만, 젊은이들은 배색을 달리한 코드피스로 멋을 부려 시

선을 끌기도 했다. 프랑코 제페렐리 감독의 〈로미오와 줄리엣〉
(1968)은 이를 잘 고증해서 제작했다. 영화 속에 등장한 청년들
의 복장을 살펴보면, 호스와 다른 색으로 재단해서 만든 코드
피스와 묶음 끈이 보인다. 작품의 시대 배경인 13~14세기의 코
드피스 유행을 반영한 것이다.

15~16세기를 지나면서 코드피스는 점점 더 크고 화려해졌
다. 패드를 대어 딱딱하게 만든 코드피스 안에 솜이나 알곡 등
을 넣어 부풀렸는데, 큰 것은 어린아이 머리만 할 정도였다. 코
드피스는 주머니 역할도 했다. 돈, 보석이나 열쇠 같은 귀중품
은 물론, 오렌지를 넣고 다니는 사람도 있었다. 이런 부풀린 코
드피스가 궁금하다면 피터르 브뤼헐 시니어가 1566년에 그린
풍속화 〈웨딩 댄스〉를 찾아보시길. 한편 상층 계급 남성들은 수
를 놓거나 보석으로 장식한 커다란 코드피스를 공식적인 자리
에서 착용하여 권력을 과시했다. 가문의 상속자가 될 남자아이
는 7세 무렵부터 화려하고 큰 코드피스를 착용하여 지위에 맞
는 처신법을 일찌감치 배웠다.

학자들이 초상화, 대금 영수증, 재단 패턴 자료 등을 통해
연구한 결과에 의하면, 코드피스는 1540년대에 크기와 장식 면
에서 절정에 달했다고 한다. 앞서 헨리 8세의 초상화는 1537년

에 완성되어 코드피스의 절정기를 반영한다. 그러다가 1590년 대부터 사라지기 시작해서 17세기 초가 되면 코드피스는 모습을 감춘다. 현대에는 주로 록 뮤지션의 무대의상이나 운동선수를 위한 보호장비로 사용된다.

복식사에서 코드피스만큼이나 남성성을 노골적으로 드러낸 아이템도 드물다. 당대에도 지나치게 거대하게 만든 코드피스를 비판한 사람들은 많았다. 왜 이렇게 우스꽝스럽고 민망한 유행이 생긴 것일까? 어떤 학자들은 1494년 이탈리아전쟁 이후 급속히 퍼진 매독에서 원인을 찾는다. 코드피스를 치료용 약초를 채우는 실용적 목적으로 사용했다는 것이다. 그러나 많은 학자는 중세 봉건 사회에서 중앙 집권 국가로 발전해가던 근대 초기의 변화에 주목한다. 당시의 왕과 귀족들은 복식의 부피를 과장하고 화려하게 장식하여 지위를 과시하고 권력을 드러냈다. 남성들은 실제 크기보다 과장한 코드피스를 착용하여 가족, 나아가 국가의 지배자로서 가부장적 이데올로기를 표현했다. 그러므로 절대 왕정 시기에 각국의 남성 군주들이 화려하고 큰 코드피스를 만든 것은 일종의 군비 경쟁인 셈이었다. 그들에게는 크고 늘 솟아 있는 성기가 중요했다. 이분법적 성차별에 기반한 남성의 원시적인 힘, 즉 발기력의 영원한 과시이기 때문이다.

그래서 서양 여성복에는 주머니가 달려 있지 않았다. 역사적으로 의상에 튀어나오도록 부착된 주머니는 음낭이자 음경 주머니인 코드피스로, 남성 권력의 상징이었기 때문이다. 겉옷의 맵시를 살리기 위해서라거나, 여성에게 주머니에 넣을 재산이 주어지지 않았기 때문만은 아니다.

2021년 5월 31일, 편의점 GS25의 포스터를 제작한 디자이너가 징계를 받고 마케팅팀장은 보직 해임되었다는 뉴스를 접했다. 이벤트 포스터에 그려진 소시지를 잡는 손가락 모양이 남성을 혐오하는 단체가 상징 마크로 사용하는 동작, 일명 '메갈 집게손'과 비슷하다는 이유였다. 의아했다. 기업이든 공공기관이든, 이런 말도 안 되는 요구에 왜 응하는 걸까? 작은 성기를 비웃는 손 모양을 사용하는 사람들이 있다고 쳐도, 이들에게 직접적인 피해나 혐오 범죄를 당한 사례가 있는가? 성기가 작다고 살해당하거나, 취업에서 부당한 대우를 받지는 않는다. 연애와 결혼에서 불리하지도 않다. 작은 성기를 가진 남성들도 계속해서 유전자를 남겼기에 한국 남성들의 평균 사이즈가 이렇게 된 것이 아닌가. 커다란 코드피스가 유행하던 16세기도 아닌데 이렇게나 성기 크기에 집착하는 남성들이 많을 줄이야. 도대체

티치아노 베첼리오의 〈개와 함께 있는 카를 5세〉 (1533). ⓒ 위키피디아

이들은 왜 분노하는 것일까?

다른 초상화를 보자. 티치아노 베첼리오가 그린 〈개와 함께 있는 카를 5세〉다. 신성로마제국의 황제였던 카를 5세는 지금의 스페인, 독일, 네덜란드, 이탈리아 북부에 이르는 광대한 제국을 지배했다. 가톨릭의 수호자로서 절제되고 엄격한 성격이었지만, 그 역시 화려한 코드피스를 착용했다. 그림 속에서

그는 손의 위치와 사냥개를 통해 관람자의 시선이 자신의 거대한 권력에 머무르게 했다. 도상학에서 개가 정절, 충성을 의미한다는 사실을 알고 보면 더욱 의미심장하다. 황제의 코드피스를 대하고 그의 커다란 권력에 감탄하여 촉촉한 눈빛으로 주군을 우러러보는 충성스러운 개.

말이 좀 과격하지만, 성차별 사회에서 여성들에게 주어진 역할이 바로 이 개와 같은 역할이었다. 그러므로 "남성들끼리 크기를 논하는 것은 자신들끼리 서열을 확인하는 것이니까 괜찮지만, 여성은 감히 남성 성기의 크기를 논해서는 안 된다. 이는 하극상이자 괘씸죄다. 2등 인간인 여성에게는 남성의 성기나 권력을 우러러보고 복종하는 역할만 허락되었기 때문이다. 아무리 성기가 작은 남자, 남성 사회에서 서열이 낮은 남자라도 여성보다는 우월한 인간이기에, 여성이 이를 비웃으면 엄청난 범죄를 저지른 셈이다. 처벌해야 마땅하다!" 이러한 생각의 흐름이 '메갈 집게손 소동'의 핵심이라고 나는 생각한다.

국어 어원론 시간에 '곶, 좆, 젖'은 모두 외부로 튀어나온 형상을 의미한다고 배운 적이 있다. 성별 이분법 사회에 익숙한 사람들은 좆과 젖이 더 튀어나올수록 더 남성적이거나 더 여성적이라고 착각한다. 왜 좆과 젖은 더 튀어나오고 커야만 할까?

그래야 눈에 쉽게 띄어 차별할 수 있기 때문이다. 누구를? 여성을, 여성답지 않은 여성을, 이분법으로 성별 구분이 안 되는 사람을, 여성 같은 남성을.

이런 성차별 사회에서는 남성도 피해자가 된다. 벨 훅스는 페미니즘을 성차별주의와 성차별주의에 입각한 억압, 폭력, 착취를 종식하는 운동이라고 정의한 바 있다. 그렇다. 페미니스트들은 크건 작건 성기를 놓고 차별하지 않는다. 그러니까 분노한 남성들이여, 의미도 없고 실체도 없는 손 모양에 그만 집착하고, 지금부터라도 페미니스트가 되자. 분노의 방향을 정확히 하여 성기 크기로 우열을 가리는 기존의 남성 문화에 대항한다면, 함께하겠다.

어린 남성에게
성추행할 자유를 주려는 이유

2022년, 대통령실 총무비서관으로 윤재순이 내정되자 그의 왜곡된 성인식에 대한 논란이 일어났다. 그가 2002년에 출간한 시집에 실린 시 〈전동차에서〉를 보자. "전동차에서만은/짓궂은 사내아이들의 자유가/그래도 보장된 곳이기도 하지요"라며 윤 비서관은 법으로 금지된 성폭력을 '사내아이들의 자유'라고 표현했다. 이어 성추행 장면을 묘사한 후, "그래도 말을 하지 못하는 계집아이는/슬며시 몸을 비틀고 얼굴을 붉히고만 있어요/다음 정거장을 기다릴 뿐/아무런 말이 없어요"라며 범죄에 분노한 피해자의 심리를 왜곡한다.

윤 비서관은 지난 1996년과 2012년, 성추행과 직장 내 성희롱으로 두 번이나 인사 처분을 받은 적이 있다. 이준석 국민의힘 대표는 "국민들에게 충분하게 사과하고 업무에 임해야 한다"라고 말하기는 했지만, "윤 비서관이 시인으로 활동하면서 했던 여러 표현은 지난 20여 년간 바뀐 현재 기준으로 봤을 때 일반적인 국민의 시각과 큰 차이가 있다"라며 윤 비서관을 감싸기도 했다.

괴이하다. 지난 20년간 기준이 바뀌었다니? 20년 전에도 이미 그런 시대가 아니었다. 1994년 1월에 제정되어 4월부터 시행된 '성폭력범죄의 처벌 및 피해자보호 등에 관한 법률(줄여서 성폭력 관련 특별법)'에는 '공중밀집장소 추행죄'가 포함되어 있다. 30년 전부터 지하철 추행은 '성폭력 범죄의 처벌 등에 관한 특례법 제11조'에 의해 국가가 법으로 처벌하는 범죄였다. 윤 비서관이 그 시집을 출간한 것은 2002년이다. 게다가 검찰에서 일한 사람이 성폭력 관련 특별법을 몰랐을 리가 없다.

궁금하다. 이준석 대표가 말하는 '일반적인 국민의 시각'이란 과연 무엇인가? 대검찰청이 2021년 1분기에 발간한 '분기별 범죄 동향 리포트'에 따르면 지하철 성추행 범죄 발생 건수는 128건이다. 신고되어 집계된 건수만 128건이라는 것이지, 한 해의 4분의 1에 해당하는 기간에 128건만 발생했다는 의미가 아니다. 지하철 등 대중교통 성추행은 훨씬 더 많이 발생하고 있고, 많은 국민이 피해를 본 범죄다. 그렇다면 이준석 대표가 생각하는 '일반적인 국민'이란 누구를 가리키는가?

비난을 받자, 윤 비서관은 성추행을 옹호하는 시가 아니라 성추행하는 세태를 풍자하고 비판하는 시라고 밝혔다. 그러자 한 남성 시인도 "실패한 고발시, 실패한 풍자시, 실패한 비판시일 수는 있어도 '성추행 옹호 시'라고 보이지 않는다"라고 평했다. 과연 그런가?

YTN에서 보도한 이 시의 원문을 보자. 세상에 먼저 알려진 시는 2002년 출간본이지만, 그보다 1년 전에 출간된 시집 《석양의 찻잔》에도 문제의 시가 실려 있었다. 2001년의 원래 시에는 '전철 칸의 묘미'라는 부제가 달려 있고 뒤에 3행이 더 붙어 있다. "요즘은/여성전용칸이라는 법을 만들어 그런 남자아이의/자유도 박탈하여 버렸다나"라고 끝난다. 그렇다면 이 시는 풍자시인 것이 맞다. 바로 '남자아이의 성추행할 자유를 박탈하는 세태'를 풍자하는 시. 비판시인 것도 맞다. '남자아이들의 짓궂은 장난을 법썩으로나 처벌하는 것'을 비판하는 시.

이 시가 왜 문제일까? 성범죄를 옹호해서? 왜곡된 성 의식을 드러내서? 둘 다 맞다. 더 나아가 더욱 근본적인 문제가 있다. 이 시는 사회에 해롭다.

셰익스피어의 1597년 작 《로미오와 줄리엣》을 예로 들어보자. 이 작품은 가문의 대립과 운명의 장난 때문에 사랑을 이루지 못하는 연인 이야기로 유명하다. 그런데 《신데렐라》도 그렇고 《춘향전》도 그렇고, '사랑'을 내세운 고전 명작들은 그 이면에 기존 질서에 저항하는 혁명적 주제를 담고 있는 경우가 많다.

"오오, 로미오. 당신은 어째서 로미오입니까? 저를 위해 아버지를 버려주세요. 당신의 이름을 버려주세요. 그러기가 싫으시다면 하다못해 저와 언약한 애인이라고 말씀해주세요. 그러면 저도 캐플릿이라는 이름을 버리겠습니다." 로미오는 가장무도회에서 만난 줄리엣을 잊지 못해 밤중에 줄리엣의 집에 몰래 찾아가 줄리엣의 방이 있는 발코니 아래에 숨는다. 줄리엣도 로미오를 생각하며 깨어 있었다. 줄리엣은 답답한 마음에 문을 열고 나와 밤하늘에 대고 외친다. 이름을 버려달라고, 자신도 이름을 버리겠노라고. 여기서 이름이란 패밀리 네임인 성姓을 말한다. 그러므로 성을 버리겠다는 것은 곧 자신이 속한 집안을 버리겠다는 말이다. 호적을 파고 가장인 아버지의 질서 밖으로 나가겠다는 말이다. 그들은 사랑을 위해 집안의 이름으로 행해지는 중세적 질서에 저항할 각오였다.

로미오와 줄리엣이 살던 당시 이탈리아 귀족들은 태어난

가문의 정치적 노선에 따라 활동하고 결혼해야 했다. 13~14세기 베로나에서는 교황당과 황제당이란 두 정파의 대립이 최악이었는데, 바로 이때가 《로미오와 줄리엣》의 시대적 배경이다. 그러므로 작품의 주제는 교황과 황제와 아버지가 지배하는 중세적 질서에 대한 젊은이들의 저항이 된다.

교황이건 황제건 아버지건, 모두 한 조직의 가부장들이다. 가부장들은 정적과 전쟁을 치르고 자신들의 이익을 챙기기 위해 젊은 전사들이 필요하다. 남성들의 세상을 지배하려면 남성들의 조직을 잘 관리해야 한다. 우리 조직이 최고임을 세뇌하고 어린 남성들이 가부장인 자신에게 절대 복종하도록 길들여야 한다. 그러려면 맨입으로는 안 된다. 이익을 나눠주어야 한다. 그런데 가부장의 권리를 나눠주면 자신의 지배 권력이 줄어들고 하극상이 일어날 수도 있다.

이에 남성 지배자들은 하급 남성들, 어린 남성들에게 이성애자 남성이 아닌 다른 인간을 비인간화하는 시각을 심어주고 그들을 지배할 권리를 주었다. 대표적인 방식이 여성 차별과 멸시를 가르치는 것이다. 여성을 인간 아닌 사물로 대하도록 만들면 상대적으로 같은 인간인 남성들 간의 유대가 공고해진다. 그러기에 가문의 이익과 필요에 따라 자신의 마음과 상관없이 정략결혼을 강요해도 로미오가 아닌 다른 청년 남성들은 불만이 없다. 여자란 물건이어서 중요하지 않으니까, 필요에 따라 얼마든지 혼인 외 관계에서 여성을 골라 이용할 수 있다고 세뇌당했으니까. 사물인 여성보다 같은 사람인 남성에게서 사랑과 인정을 받는 것이 더 중요하니까.

이 세뇌는 뮤지컬 〈로미오와 줄리엣〉에서 티볼트의 노래에 잘 드러나 있다. 티볼트의 아버지는 아들에게 여자를 돈으로 구입하는 물건으로 여기도록 가르쳤다. 남성과의 관계를 더 중시하고, 여성을 구입해주는 연상의 남성에게 복종하게 만들기 위해서다. 그러면 아들이 한낱 여성에게 사랑을 느껴 아버지를 거역하고 가문을 망칠 일이 없기 때문이다.

여성을 인간으로 보지 않고 성적 대상물로 보게 세뇌하는 것, 새끼 가부장에게 하급 인간인 여성을 이용할 권력을 주어 상급 가부장에게 복종하게 만드는 것, 그리하여 남성 조직에 충성하게 만드는 것, 이것이 호모 소셜(남성 유대 사회)이 단결을 유지하는 기본 방식이다.

시 〈전동차에서〉로 돌아가보자. 윤재순 비서관은 시에서 말한다. 전동차에서 짓궂은 사내아이들의 성추행할 자유를 보장해주라고. 피해당하는 여성은 그래도 얼굴만 붉힐 뿐 저항하지 못할 것이라고. 이상하다. 시를 쓴 중년 남성의 입장에서 "사내아이들의 자유"가 왜 그렇게 중요할까? 그것은 어린 남성들이 여성을 성적 대상, 하급 인간으로 대하는 경험을 쌓아야 아는 형님, 직장 선배나 상사 등 온갖 연상의 남성들을 진짜 인간으로 여겨 복종할 것이기 때문이다. 그래야 기성세대 남성이자 어떤 조직에서는 가장인 자신에게 유익하기 때문이다. 이는 때리거나 치마를 걷어 올리며 여자 짝꿍을 괴롭히는 남자아이에게 어른들이 관대했던 이유와도 통한다. 어차피 성인 남성이 되면 여성을 지배하는 방법을 배워야 하는데, 그것을 좀 빨리 행할 뿐이니 큰 문제는 아니었던 것이다. 그저 짓궂은 '사내아이들'의 자유일 뿐. 아니, 여성을 지배할 줄 아는 진짜 남성으로 잘 자라고 있다는 증거이니 대견하게 여길 수도 있었겠다. 그래서 중노년 남성 문인들이 자신의 어린 시절을 회고하는 글을 쓸 때 부끄러운 줄도 모르고 성추행이나 성폭력 경험을 자랑처럼 고백하는 것이리라.

결국 윤 비서관은 이 시를 통해 어린 세대 남성들에게 여성을 이용하여 남성 호모 소셜을 유지하는 일원이 되는 방식을 학습시키는 셈이다. 성추행 미화 정도의 차원이 아니다. 이 시는 사회에 해롭다. 참 해롭다.

차별은 할머니, 어머니 세대가 받았는데
왜 젊은 여성들이 불만일까?

"성차별은 할머니, 어머니 세대에나 있었고, 지금은 없다. 차별받고 고생한 이들은 할머니, 어머니 세대 여성들인데 왜 차별받은 적도 없는 요즘 젊은 여성들이 불만인가?"라는 의견이 많다. 이에 답하기 위해 봉기와 혁명이 일어나는 역사적 패턴을 살펴보겠다.

14~15세기 유럽에서는 대규모 농민 봉기가 많이 발생했다. 1358년 프랑스의 자크리의 봉기, 1381년 영국의 와트 타일러의 봉기, 1395년 스페인의 카탈루냐 농민 봉기가 그 예다. 정점은 1524년에 독일어권 지역에서 일어난 농민 전쟁이었다. 전 시대에도 영주에 저항한 농민들의 봉기는 많았지만, 요구를 들어주거나 주동자를 처벌하면 해산하는 1회성 봉기가 대부분이

었다. 그러나 이 시기의 농민 봉기는 달랐다. 규모가 커진 데다가 기존 체제에 도전하는 성격을 지녔다. 와트 타일러의 봉기 당시에 사용한 구호가 15세기 내내 유행한 것을 보면 알 수 있다. "아담이 밭을 갈고 이브가 베를 짤 때 귀족이 있었던가?"

왜 이들은 이 시대에 집중적으로 대규모 봉기를 일으켰을까? 이전 시대의 농민들보다 살기가 더 힘들어져서? 아니다.

1300년경, 소빙하기의 이상기후로 유럽에 기근이 들었다. 설상가상으로 1348년에는 페스트(흑사병)가 번지기 시작했다. 영양실조로 면역력이 낮아진 유럽인은 전체 인구의 3분의 1이 사망했다. 인구가 줄어 일손이 부족해지자 생산성 낮은 토지는 버려졌다. 경작지 면적이 줄어들면서 곡물 수확량도 줄어들었다. 페스트로 인구가 감소하자 곡물 수요가 줄면서 가격이 떨어졌다. 장원에서 난 농산물에 의존하는 영주의 수입은 줄어든 반면, 노동력 부족으로 임금은 높아졌다. 영주는 직영지를 경작할 일손을 구하지 못하자, 토지를 빌려주고 임대료를 화폐로 받았다. 돈을 받고 농노를 해방해주기도 했다. 결과적으로 페스트에서 살아남은 농민은 이전 시대보다 지위가 향상되었다.

중세 농노의 삶은 비참했다. "뿔 없는 소"라고 불릴 정도였다. 영주는 그 지역의 실질적 지배자로, 중세 영주와 농노의 관계는 지주와 소작농의 관계와는 다르다. 영주에게는 사법권이 있었기에 토지에 대한 세금을 걷고 부역을 강제하며 장원의 영민을 빈틈없이 착취할 수 있었다. 영주는 인두세, 상속세, 혼인세를 걷고 공용 화덕이나 방앗간 등 생활에 필요한 시설을 강제로 이용하게 하여 사용료를 받았다. 결정적으로 영주에게는 영민에 대한 생살여탈권이 있었다. 그러나 페스트로 인해 장원이 붕괴되면서 영주의 경제권은 물론 권력 기반도 무너졌다. 해방된 농노에게는 사법권을 행사할 수 없었기 때문이다.

한편 일부 지역의 영주는 악화된 경제 상황을 만회하기 위해 세금을 올리고 농민을 더욱 착취하려 들었다. 경작보다는 목축을 택해서 양을 키우기 위해 마을 공유지에 울타리를 치고 농민들을 내쫓기도 했다. 이를 인클로저라고 한다. 숲과 공유지에 의존하던 농민들이 반발하자, 영주는 형벌과 벌금으로 대응했다. 페스트에서 살아남은 농민들은 봉기했다.

페스트가 유행하던 시절, 사람들이 대규모로 죽어가는 산 지옥을 본 중세인들은 큰 충격을 받았다. 교회와 영주가 가르치는 대로 고된 현실을 참고 일하다 죽은 후에 천국에 가기를 원하던 농민들은 아무리 기도하고 회개해도 소용없다는 것을 깨닫기 시작했다. 그들은 현세에서 천국을 누리기를, 더 나은 삶을 살 수 있기를 원했다. 그래서 서유럽 농민들은 현실의 압제에 대규모 무력 봉기로 저항한 것이다.

가장 대규모로 일어난 독일 농민 전쟁을 살펴보자. 지금의 독일, 스위스와 오스트리아 지역에서 1524년부터 1년간 20~30만 명에 이르는 가난한 농민과 도시 하층민이 참여했다. 이들이 '농민 강령 12개조'에서 요구한 내용에는 인신 예속을 폐지하고 부역을 줄일 것, 영주의 자의적 사법권 행사를 규제할 것 등 봉건적 예속에 저항하는 급진적인 조항이 포함되어 있다. 봉건 영주 세력은 무자비한 진압으로 답했다. 루터의 종교개혁 사상에 영향을 받은 농민들은 루터가 자신들의 편을 들어줄 것으로 기대하고 봉기했으나, 루터는 영주들의 편을 들었다. 약 10만 명이 희생당하고 봉기는 실패로 끝났다.

16세기가 되자, 페스트로 줄어든 인구는 다시 이전 수준으로 회복했다. 그러나 농민 봉기 이후 서유럽 대부분 지역의 영주는 과거의 지위로 돌아갈 수 없었다. 농민들이 변했기 때문이었다. 비록 실패했더라도, 각성해서 힘을 모아 저항해본 경험을 가진 자들은 결코 과거로 돌아갈 수 없는 법.

카를 마르크스는 독일 농민 전쟁을 "프랑스혁명 이전 유럽에서 일어난 가장 주목할 만한 민중 봉기"라고 평가했다. 여기서 프랑스혁명이 기점이 되는 것은 역사적으로 중세적 신분제도가 그때 폐지되었다고 보기 때문이다. 그런데 프랑스혁명은 왜 1789년에 일어났을까? 이 시기 농민들의 상황이 전 시대인 17세기 혹은 그 이전보다 더 나빠서였을까?

아니다. 18세기 농민들은 그 이전보다 잘살았다. 프랑스의 경우, 페스트 대유행 후 14세기 중엽에는 농노제가 사라지고 봉건적 의무가 줄어들기 시작했다. 일부 지역에 남아 있던 농노제는 프랑스혁명 때 완전히 폐지된다.

혁명 정부가 〈인간과 시민의 권리 선언〉을 선포하여 종교와 신분에 따른 차별을 없애고 법적 평등을 보장하기 전까지 프랑스에는 출생에 따른 신분제가 굳건했다. 초기 중세 사회는 성직자와 세속인, 부유한 사람과 가난한 사람, 자유민과 비자유민 등 대립되는 두 집단으로 나뉘어 있었다. 대개 직업이나 기능으로 구분되어 고정된 신분제도는 아니었다. 8~9세기에 봉건제도가 성립하면서 소수의 전사 집단이 지배 계급이 되었고, 기독교의 사제는 전사의 폭력성을 다스려 그들을 교회와 종교의 보호자로 만들려고 했다. 봉건 영주가 된 전사 귀족들은 교회가 내민 손을 잡았다. 신의 뜻을 빌려 피지배민들을 순종시키고 싶었기 때문이다. 그 결과, 기도하는 사람, 싸우는 사람, 일하는 사람이라는 사제, 전사, 농민의 중세 위계가 성립한다. 11세기부터 이런 위계는 신분제로 바뀌었다. 프랑스에서는 3신분제로 정착한다. 제1신분은 성직자, 제2신분은 귀족, 그 외는 제3신분이었다. 이를 구체제, 앙시앵 레짐이라고 부른다.

혁명 당시 제1신분과 제2신분은 프랑스 인구의 약 2퍼센트밖에 되지 않았지만 대부분의 경작지를 소유하고 있었다. 두 신분 모두 세금을 면제받았으며 고위 성직과 관직을 차지했다. 제3신분인 평민은 전체 인구의 약 98퍼센트로 농민이었다. 이들은 농노 신분에서 해방되어 자유민이 되었지만, 여전히 구체제하에서 억압받고 있었다. 전에 비해서는 경감되었다고 하지만 계속 무거운 부담을 지고 있었다.

문제는 봉건적 부담금과 부역을 강요하던 애초의 명분이 사라졌다는 점이다. 중앙 집권 국가가 완성된 후 귀족들의 군사적 기능은 사라졌다. 과거에 장원의 영민들에게 군사적 보호를 제공하던 귀족들은 이제 왕의 무도회에서 춤을 추며 지냈다. 귀족들의 행정 기능도 사라졌다. 그들은 장원을 경영하지 않고 영지를 떠나 궁정에서 더 많은 시간을 보냈다. 그런데도 여전히 영주로서 영민에게 세금과 부역, 복종을 요구했다. 농노 신분에서 해방되어 봉건적 의무는 줄었지만, 그렇기 때문에 오히려 농민에게 남은 의무가 더욱 압제적으로 보였던 것이다. 점차 해방되는 경험을 해본 자들은 결코 과거로 돌아갈 수 없는 법.

14~15세기의 유럽 농민 전쟁이든, 18세기의 프랑스혁명이든, 봉기와 혁명은 가장 억압받던 정점에서 일어나지 않았다. 억압의 제도가 일부 사라지거나 파괴될 때 발생했다. 역사적으로 모든 봉기와 혁명이 발생하는 패턴이 이렇다. 차별받고 고생한 것은 할머니와 어머니 세대인데 이에 비해 별로 차별받지 않은 요즘 젊은 여성들이 불만인 이유도 이런 패턴에 있다. 지금의 젊은 여성들은 덜 차별받고 예전보다 살기 편해졌다. 그렇기에 젊은 여성들이 싸우는 것이다. 제도적 차별이 일부 시정되고 남존여비 등 차별을 정당화하던 명분이 사라졌기에 남은 차별이 더욱 억압적으로 느껴져서 참을 수 없는 것이다.

어쩌면 "요즘은 성차별이 없는데 왜 젊은 여성들은 불만인가?"라는 질문은 답을 알고 싶어서 하는 게 아닐 수도 있다. 그저 "예전의 여성들처럼 참고 복종하라"라고 말하고 싶어서일 수도 있겠다. 그러나 각성해서 힘을 모아 저항해본 경험을 가진 자들은, 점차 해방되는 경험을 해본 자들은 결코 예전으로 돌아갈 수 없는 법. 역사가 이를 증명해준다.

게다가 요즘 여성이 차별받고 있는지 아닌지 그 현실을 알아보려면, 다른 세대 여성들이 아니라 같은 세대, 지역, 계급 남성들과 비교해야 하지 않을까.

암탉이 울면
나라가 망한다고?

한 사람이 이상한 말을 하면 '참 이상한 방면으로 개성적인 사람도 있군' 하며 지나치면 된다. 그러나 이상한 말을 하는 사람이 다수라면 그것은 사회 현상이 된다. 성차별 발언도 그렇다. 기억도 나지 않는 어린 시절부터 내가 어떤 일을 하려고 나서면 "암탉이 울면 집안이 망한다"라며 비웃는 남자 어른들이 있었다. 어른답게 응원은 못 해줄망정 앞날이 창창한 여자의 능력을 깎아내리고 기죽이는 말이나 하다니. 어린 나이에도 불쾌했다.

어른이 된 후에도 암탉이 울면 어쩌고 하는 남성들과 계속 마주쳤다. 놀라웠다. 구시대의 망언인 줄 알았는데 여전히 이 말을 쓰는 사람들이 있다니. 내가 불운해서 후진 남성들만 만

났던 것일까? 아니다. 암탉 운운하는 남성은 흔하다. 박근혜 정권 퇴진을 요구하는 대규모 집회가 열리던 2016~2017년의 광화문광장을 기억한다. 시위 구호도 아닌데 "이래서 여자는 안 돼!", "역시 암탉이 울면 나라가 망한다니까!"라고 외치던 남성들이 많았다. 당시의 SNS는 또 어떠했나. 그런 내용을 담은 글과 댓글을 쓰는 남성들을 쉽게 볼 수 있었다. 지금은 21세기인데, 어디에서 이 많은 조선시대 남성들이 촛불을 든 채 타임머신을 타고 온 것일까. 신기했다. 어찌나 많은지 이들만으로도 광화문광장을 가득 메워 촛불 파도타기가 가능할 것 같았다. 이 정도면 사회 현상이었다.

여기서 잠깐. "나도 그때 광화문에 있었고 페이스북을 했지만 그런 일은 없었다!"라고 반박하는 분을 위해 친절하게 덧붙여보자면, 일상적이고 흔한 사건, 본인에게 중요하지 않은 사건은 겪었어도 잘 기억나지 않는 법이다.

친절해진 김에, 예를 더 들어보겠다. 우리의 역사에서 마지막 왕은 잘 알다시피 조선은 순종, 고려는 공양왕, 신라는 경순왕, 고구려는 보장왕, 백제는 의자왕이다. 이렇듯 역대 우리나라는 다 남자 때문에 망했다. 초중고교에서 배워 이미 알고 있는 내용이다. 그런데도 왜 여자 때문에 나라가 망한다고 말할까?

궁금해서 찾아봤더니, "암탉이 울면 나라가 망한다"라는 속담은 중국 고대사에서 유래한 것이었다. 중국 하나라의 마지막 왕인 17대 걸왕은 말희라는 미녀에게 빠져서 나라를 제대로 돌보지 않았다고 한다. 술로 연못을 채우고 연못 둘레에 고기 안주를 건 숲을 만들어서 놀았기에, 주지육림酒池肉林이라는 고사성어가 생길 정도였다. 여기에 잔학 행위까지 자행하자, 분노한 백성들은 탕을 지도자로 모시고 봉기했다. 걸왕은 도망치다 살해당했고, 하나라는 망했다.

탕은 상나라를 세웠다. 상나라는 기원전 1300년경 수도를 은으로 옮긴 후로 은殷이라고 불리기도 했다. 마지막 왕인 31대 주왕은 포악하고 사치와 환락을 즐겼으며, 달기라는 미녀에게 빠져서 폭정을 일삼았다고 한다. 상나라는 주周를 세운 무왕에게 멸망당한다.

사마천의 《사기》에는 주나라 무왕이 상나라를 칠 때 발표한 포고문이 실려 있다. "백성들에게 고한다. 옛말에 '암탉은 새벽에 울지 않으니 암탉이 새벽에 울면 집안이 망한다'고 했다. 그런데 지금 은나라 주왕은 달기의 말만 들으며 하늘을 공경할 줄 모르고 포악한 정치를 일삼아 백성들은 도탄에 빠져 허덕이고 있다. 나는 이제 천명을 받들어 은나라를 토벌하려 한다.

모두 일어서라!" 그렇다. 암탉이 울면 어쩌고 하는 말의 기원은 《사기》의 이 대목이었다.

이민족인 견융족의 공격을 받아 12대 왕인 유왕이 살해당한 후, 주나라는 수도를 지금의 시안에서 동쪽에 있는 뤄양으로 옮겨 간다. 이 사건을 '주의 동천'이라고 한다. 동천 이전은 서주西周, 이후는 동주東周라고 부른다. 서주의 마지막 왕인 유왕에게도 걸왕, 주왕과 비슷한 고사가 전해진다. 유왕은 포사라는 미인을 사랑했는데, 포사는 웃지 않았다. 그런데 외적이 침입했다는 봉화를 거짓으로 올리니 제후의 군사들이 몰려와서 허둥지둥하는 것을 보고서 웃었다고 한다. 유왕은 포사가 웃는 모습을 계속 보고 싶어서 거짓 봉화를 자꾸 올렸다. 그러던 어느 날, 반란군이 몰려왔다. 이번에는 진짜 봉화를 올렸건만, 어느 제후국의 군사도 유왕을 돕기 위해 오지 않았다.

하, 상, 주의 걸왕, 주왕, 유왕 그리고 그들이 사랑한 미녀 말희, 달기, 포사. 여기에는 같은 패턴이 보인다. 나라가 망할 때는 미녀에 눈먼 어리석은 왕이 등장한다는 것. 이후 한나라 때는 이렇게 나라를 기울게 만드는 미녀를 가리켜 경국지색傾國之色이라는 말까지 생겼다. 왜 이런 말이 생겼을까? 나라를 망친 자는 왕 본인인데. 그리고 20세기 초까지 세계 각국의 남성 군주들은 마지막 왕만이 아니라 거의 모든 왕이 미녀를 후궁이나 애첩으로 두고 주지육림이라 할 만큼 좋은 술과 음식을 실컷 즐겼는데.

이번에는 역사책 《춘추》를 보겠다. 공자가 역사를 기록한 원칙은 '포폄褒貶'이었다. 기릴 포, 떨어뜨릴 폄. 즉, 역사를 기록할 때 기릴 것은 기리고, 나쁘게 말할 것은 비난한다는 뜻이다. 역사가는 사실을 있는 그대로 적는 것이 아니라 잘한 것은 칭찬하고 잘못한 것은 비난하며 옳고 그른 것을 가려서 적어야 한다고 공자는 믿었다. 이후 중국의 역사가들은 역사를 기록할 때 인물과 사건에 대해 도덕적인 판단을 내리는 것을 주요 임무로 여겼다. 나라가 망한 이유도 도덕의 타락에서 원인을 찾았다. 그래서 중국사에서는 어떤 나라가 망할 때면 꼭 사치와 향락과 주색잡기에 빠진 왕이 등장한다. 왕이 도덕적으로 타락했기에 나라가 망했다고 서술하여 후세에 도덕적 교훈을 주기 위해서다.

그런데 이상하다. 왕이 타락한 원인을 왜 왕 본인이 아니라 옆에 있는 여성에게서 찾았을까? 당시는 전통적인 성차별 시대였기 때문이다. 성차별 사회에서는 남성이 잘못하면 늘 그와 관련된 여성을 욕하기 마련이다. 21세기인 요즘도 여성의 야한

옷차림이 성폭력을 유발하니 어쩌니 하며 남성의 잘못에 여성을 탓하는 사람들이 많은데, 그때는 오죽했으랴. 그러니 고전 역사서인 《춘추》나 《사기》에 기록되었다고 해서, 위대한 공자와 사마천이 썼다고 해서, 여자 때문에 나라를 망쳤다거나 암탉이 울면 나라가 망한다거나 하는 말이 역사적 사실인 것은 아니다. 단지 그 시절 중국 사회와 역사 기록의 패턴이 그랬을 뿐.

중국의 '포폄'이라는 기록 원칙과 성차별적 기술 태도는 유교 사상과 합쳐져서 우리나라 역사 기술에도 큰 영향을 주었다. 대표적인 예가 진성여왕에 대한 기록이다. 고려 이후, 유학자 남성들은 신라가 망한 이유를 여성 군주인 진성여왕에게서 찾았다. 신라의 마지막 왕은 56대 경순왕이었으니, 51대인 진성여왕 때 신라가 망한 게 아닌데도 말이다. 그리고 여왕이 즉위하기 전에 이미 신라는 기울어지고 있었다. 애초 여왕에게는 나라를 말아먹을 만큼 권력이 주어지지도 않았다. 최치원을 등용하여 개혁을 시도했지만 역부족이었다. 오빠에 이어 즉위했다가 조카에게 양위한 사실을 보면, 남자 조카가 성장하기까지 시간을 끄는 것이 여왕의 주 임무였음을 짐작할 수 있다.

그러나 진성여왕은 후대의 남성 역사가들에 의해 방탕한 생활을 일삼아 신라를 망하게 한 장본인으로 기록된다. 심지어

1,100여 년이나 지났는데 광화문광장에 불려 나와 박근혜 대통령을 욕하는 데도 이용당했다. "진성여왕을 보라! 박근혜를 보라! 여자 때문에 나라가 망한다!"라고. 이는 역사 비판도, 정치 비판도 아니다. 단지 "나는 성차별주의자요"라는 자기 고백일 뿐.

　중국사와 신라사, 포폄 원칙 등등을 굳이 들먹이지 않아도 "암탉이 울면 나라가 망한다"라는 말이 성차별적이며 옆에서 듣는 여성이 기분 나쁠 것임은 다들 안다. 그래도 어떤 사람들은 굳이 그런 말을 한다. 역사적 사실이나 근거와 상관없이 그저 여성을 욕하는 것이 목적이기 때문이다. 여성을 열등하다고 욕하여 남성인 자신이 상대적으로 높아지는 것만이 목적이기 때문이다.

　옆에 있는 돌더미에서 아무 돌이나 집어 던지는 자들에게 그 돌이 화강암인지 현무암인지, 둥근 돌인지 길쭉한 돌인지는 아무 상관이 없는 법. 반면 억울하게 돌에 맞는 사람은 이유가 궁금하다. 이 돌이 어디에서 온 돌인지 알고 싶다. 그래야 다음에 날아올 돌을 피할 수 있기 때문이다. 〈청산별곡〉에도 이런 구절이 있다. "어디에다 던지려 한 돌인가. 누구를 맞추려 한 돌인가. 미워하는 이도 사랑하는 이도 없이 맞아서 우노라."

그래서 나는 이 글을 쓴다. 성차별주의자들이 일상적으로 하는 아무 말에는 근거가 없다는 것을 알려주어 여성들이 이유 없이 돌에 맞고 울지 않게 하기 위해서. 세상에 흔하게 쌓인 돌 더미에서 돌 하나를 덜어내어 치우는 마음으로, 지금 쓴다.

흙수저 남성만
불쌍할까?

역사 덕후로 살다 보니 소소한 부분에 관심을 갖고 몰두할 때가 많다. 애니메이션을 볼 때도 그렇다. 디즈니 애니메이션 〈미녀와 야수〉에서는 〈손님이 되어주세요Be our guest!〉라는 노래가 흐르며 포크와 스푼이 춤추는 장면을 여러 번 돌려 본다. 손잡이 부분의 장식을 보면 야수의 종교를 알 수 있기 때문이다.

종교 개혁 이후 프로테스탄트들은 기존 가톨릭교회에서 사용하던 화려하고 사치스러운 디자인을 거부했다. 금욕적이고 검소한 의식주 문화를 강조하였기에 생활용품의 모양도 바뀌었다. 스푼은 손잡이 부분 장식이 제거되어 밋밋해졌다. 영국에서는 청교도혁명 이후 크롬웰 시대에 사용된 스푼을 '청교도 스푼Puritan spoon'이라고 부를 정도다.

청교도 스푼이 등장하기 전까지 세공사들은 은 스푼 자루에 과일이나 동물, 여인상, 문장, 가톨릭 성인상을 새겼다. 예수와 12사도의 모습이 장식된 스푼도 있었는데, 이를 '사도 스푼Apostle spoon'이라고 부른다. 귀족이나 부유한 계급에 속한 사람들은 아기의 세례식에 사도 스푼이나 수호성인의 모습이 새겨진 은 스푼을 선물하곤 했다. 아기는 은 스푼으로 떠 먹여주는 우유와 이유식을 먹고 무럭무럭 자라서 부모의 재산과 지위를 상속했다. 여기에서 "은 스푼을 입에 물고 태어나다born with a silver spoon in his mouth"라는 관용적 표현이 유래했다.

그렇다면 은 스푼의 반대는 무엇일까? 나무 숟가락wooden spoon이다. 스푼의 어원인 'spon'은 나무판자 조각을 뜻한다. 얇은 나뭇조각은 조개껍질과 더불어 가장 원시적인 형태의 스푼으로, 은 스푼은커녕 놋쇠 숟가락조차 가질 수 없는 가난한 이들의 숟가락이었다. 그래서인지 영미권에서는 나무 숟가락을 가장 아래 등급으로 여겨 꼴찌에게 장난삼아 주는 상booby prize으로 쓰기도 한다. 우리나라로 치면 흙수저에 해당하는 셈이다.

"은 스푼을 입에 물고 태어나다"라는 서구의 관용 표현이 우리나라에서는 금수저인 것이 흥미롭다. 아무리 부자라도 순금으로 만든 수저로 식사하지는 않는다. 순금은 너무 물러서 비실용적이기 때문이다. 은에서 금으로 바뀐 것은 귀금속의 대표격인 금이 갖는 상징성에서 비롯되었다.

한편 은 스푼에서 금수저로, 스푼 한 개가 숟가락과 젓가락을 합친 수저 한 벌이 된 것은 지극히 한국적이다. 수저는 주로 동양에서 사용한다고 하지만, 중국이나 일본은 대개 젓가락으로만 식사한다. 숟가락은 음식에 따라 제공되기도 하고 쓰이지 않기도 한다. 반면 우리나라는 수저 한 벌을 처음부터 상에 차려놓고 식사 때마다 이용한다.

과거 한국인은 일생을 수저와 함께했다. 첫돌이 되면 부모는 아기에게 개인 수저를 마련해주었다. 서양의 사도 스푼 선물하기와 비슷한 풍습이다. 자라면 좀 더 큰 수저로 바꾼다. 그러다가 혼인할 때 신부가 혼수로 해 온 부부의 식기와 수저를 평생 쓴다. 가족 구성원에게는 각자 자신의 수저가 따로 있었다. 즉, 한국인에게는 평생 함께하는 반려 수저가 있었다. 우리의 관용적 표현에서 "밥숟가락을 내려놓다"라는 말은 사망한다는 뜻으로 쓰이지만, 사실은 죽어서도 수저와 함께했다. 무덤에 부장품으로 수저를 넣어주었기 때문이다. 그러나 여기까지의 이야기는 반만 진실이다. 어느 성별에게는 온전하게 수저 한 벌이

주어지지 않기도 했기 때문이다.

한 집단의 구성원으로 받아들여지려면 그 문화권의 에티켓을 익혀야 한다. 그래서 어느 나라나 밥상머리 예절과 식사 도구 사용법을 중요시한다. 젓가락 문화권에서는 어려서부터 젓가락 쓰는 훈련을 받는다. 포크에 비해 젓가락은 오랜 기간 훈련이 필요하다. 1819년, 중국 광저우에서 최초로 중국 음식을 먹은 미국인의 기록을 살펴보자. "원숭이에게 뜨개바늘을 쥐여줘도 우리 중 몇몇만큼 우스꽝스러워 보이지는 않았을 것이다"라는 대목이 있다. 태어나 처음으로 젓가락을 쥔 자의 당혹감이 느껴진다.

젓가락을 쓰는 문화권에 태어나 우리는 젓가락질을 하지 못하는 원숭이에서 도구를 사용하는 인간(호모 파베르)으로 진화했다. 어른들은 어느 정도 커서도 젓가락질을 제대로 못 하면 가정교육을 못 받았다는 말을 듣는다며 아이들을 야단치곤 했다. 식사 도구를 제대로 써야 그 식탁의 구성원으로 인정받기 때문이다. 이를 뒤집어 생각해보자. 어떤 사람에게 식사 도구를 제대로 주지 않거나 사용법을 가르치지 않는다는 것은 무슨 의미일까? 그 사람을 식탁의 구성원으로 인정하지 않겠다는 의미가 아닐까?

나의 친할머니는 지역에서 행세깨나 하는 양반집 따님이었다. 강 진사댁 하면 다 알아줄 정도였다고 한다. 그런데 강 진사는 딸들에게 젓가락을 주지 않았다. 딸들에게 젓가락 쓰는 법을 가르치면 시집가서 구박받는다는 이유에서였다. 그래서 할머니는 평생 숟가락만으로 밥과 국과 반찬을 드셨다.

어느 날 페이스북에 이 에피소드를 올렸더니, 자신의 할머니도 젓가락을 쓰지 못했다는 댓글이 많이 달렸다. 놀라웠다. 젓가락을 쓸 줄 몰라서 식사 때면 숟가락 뒤축으로 나물을 집어 올렸다든가, (궁금하다면 강수연 배우가 출연한 영화 〈씨받이〉를 검색하면 이 장면을 볼 수 있다) 친정에서 젓가락질을 배워 시집갔는데 시어머니에게 여자가 건방지게 김치를 손으로 찢지 않고 젓가락으로 찢는다고 야단맞았다든가 하는 증언이 《팔만대장경》처럼 펼쳐졌다. 알고 보니 젓가락을 못 쓰는 여성들의 사연은 흔했다. 단지 증언을 취합할 기회가 없었을 뿐. 이는 특별히 보수적인 지역만이 아니라 전국적인 현상이었다. 대개 1920년 이전에 태어난 여성들의 경우, 젓가락을 못 쓰게 하고 젓가락을 주지 않는 것은 글을 가르치지 않는 것만큼이나 흔하게 당한 성차별이었다.

왜 여자는 젓가락을 못 쓰게 할까? 왜 숟가락만 허락할까?

영장류 학자인 제인 구달 박사는 침팬지들이 풀잎을 숟가락처럼 이용해서 흰개미를 쓸어 먹는 것을 목격했다. 이는 숟가락이 가장 사용하기 쉬우면서도 기본적인 식사 도구라는 증거다. 숟가락은 일종의 컵이자 삽의 기능을 한다. 주어진 음식을 떠서 먹을 수는 있지만 섬세하게 선택할 수는 없다. 이것이 딸들에게는 숟가락만 준 이유다. 여자는 함지박에 남은 밥과 반찬을 쏟아붓고 숟가락 삽으로 급히 퍼먹은 후 다시 일해야 하는 존재이므로, 어려서부터 그 위치에 맞게 키운 것이다. 호모 파베르, 즉 도구를 써야 인간인데 여자는 남자와 같은 인간이 아니므로 도구를 주지 않은 것이다. 남성들과 한자리에 마주 앉아 같은 음식을 집어 먹을 권리를 주장할까 봐 아예 여성들에게는 젓가락 사용법을 가르치지도 않은 것이다.

지금은 그런 집이 없는데, 왜 옛날이야기를 꺼내어 남녀 갈등을 조장하냐고 할 수도 있겠다. 그러나 21세기에도 마찬가지다. 결혼한 후 시댁에서 밥 먹다가 서러운 일을 겪은 여성은 얼마나 많은가. 웹툰 〈며느라기〉의 명절 장면에 여성들이 분개하고 공감한 이유다. 심지어 명절이면 남자들만 제대로 된 상에 앉아 먹고, 여자들은 큰 대접에 국밥을 말아 숟가락만 꽂아 방바닥에 놓고 먹는 집이 아직도 있다. 옛날처럼 음식이 귀해서 식탁에 끼어들지 못하게 하려는 것도 아닌데, 여전히 여자에게 젓가락을 쓸 기회를 주지 않는 이유는 오직 여성에게 자신의 신분을 다시금 짚어주려는 데 있다. 여성은 남성에게 상을 차려 바치기만 하는 신분임을.

이제 할머니 세대와는 달리 여성들도 가정에서, 학교에서 젓가락 쓰는 법을 단련한다. 그러나 사회에 나오면 여전히 여성들에게는 젓가락을 쓸 자리가, 평등한 밥상이 주어지지 않는다. 1990년대 중반까지는 채용 조건에 '군필'을 명시하여 아예 입사 지원 자체를 막았고, 그 후에는 공정한 경쟁으로 높은 필기시험 점수를 받아도 면접 등에서 편법으로 여성 지원자를 떨어뜨렸다. 그러나 젓가락을 가진 여성들은 이제 채용 시 성차별을 당하면 조용히 함지박에 몽당숟가락을 꽂아서 부엌으로 숨지 않는다. 중국 무협 영화에서처럼 젓가락을 던져 단단한 벽에 꽂아 항의한다. 벽에 금이 가기 시작했으니, 곧 무너질 날이 올 것이다. 그러니 기존의 성차별 밥상을 엎고 새로운 밥상에 같은 수저를 놓아보자.

여성이나 성 소수자 이슈가 등장할 때마다 흙수저 남성들의 설움을 외치는 남자라면 기억하시길. 같은 수저 계급 내에서도 젓가락을 받지 못하는 성별이 늘 있다는 것을. 여성 문제보다 계급 문제 해결이 우선이라고 주장하는 남자라면 잊지 마시길. 여성이라는 계급은 없지만 모든 계급의 하층에는 여성이 있다는 것을. 모두 젠더살롱에 초대합니다. 평등한 원탁의 "손님이 되어주세요!"

왜 어린 여성에게만
위문할 의무를 강요할까?

2022년 1월, 한 온라인 커뮤니티에 서울의 어느 여고생이 국군 장병에게 보낸 위문편지가 공개되었다. 편지에는 "인생에 시련이 많을 건데 이 정도는 이겨줘야 사나이가 아닐까요", "눈 오면 열심히 치우세요" 등의 내용이 적혀 있었다. 그 학교 학생들은 나라를 지키는 군인을 조롱한다는 비난을 받고 심각한 수준의 디지털 성폭력에 시달렸다. 일부 온라인 커뮤니티에 편지를 작성한 학생의 신상이 유출되었고, 성희롱 댓글과 나체 합성 이미지 등이 떠돌았다. 이에 서울시교육청은 서울 종로경찰서에 수사를 의뢰했다.

"아니, 요즘도 위문편지를 쓴다고?" 이 사건을 접하고 많은 사람이 의아해했다. 위문편지 쓰기는 과거 군사독재정부 시절에 반공 교육의 목적으로 당시 국민학생에게 강제되었으나, 1987년 민주항쟁 이후 문민정부가 들어서면서 사라진 제도다. 그런데 아직도 학생들에게 위문편지를 쓰게 하다니. 그것도 여자 고등학교에서만. 학교 측에서도 "위문편지 작성 시 본명과 주소를 밝히지 말라"는 지침까지 내릴 정도로, 이미 성폭력 피해가 있음을 알면서 말이다.

의아한 점은 더 있다. 내가 여고를 다니던 20세기에는 복장, 두발 검사와 함께 '소지품 검사'도 이뤄졌다. 교사들은 아무 때고 학생들의 가방을 뒤졌다. 검사의 목적은 학생의 신분에 어울리지 않는 물건을 찾아내는 것이었다. 화장품이나 담배, 라이터, 연애편지 등등. 여기에서 '연애편지'에 주목하자. 어린 여성은 남성과 편지를 주고받는 것을 금지당했고 그런 사실을 들키면 벌을 받았다.

과거 여성들은 대부분 글을 읽고 쓰지 못했다. 여성에게는 공부할 기회가 주어지지 않았기 때문이다. 세종대왕께서 어리석은 백성을 불쌍히 여겨 친히 훈민정음을 만들어 글을 쉽게 배워 쓰라고 신신당부하셨건만, 성차별은 왕보다 힘이 셌다. 1900년대에 태어난 내 할머니는 지역에서 누구나 알 만큼 행세하는 집안의 따님이었지만, 한자는커녕 한글도 익히지 못했다.

부친이었던 강 진사는 "딸에게 글자를 가르치면 연애편지를 쓰거나, 시집간 후에 친정에 시집살이를 하소연하는 편지를 써 보낼 테니 글을 가르쳐서는 안 된다"라는 신념을 실천했다. 집안 여성을 쉽게 지배하기 위한 핑계다. 딸에게 젓가락도 주지 않던 양반이었으니까.

강 진사만 그랬던 것은 아니다. 현재 할머니 세대의 여성 중에는 교육 기회를 박탈하는 이유로 "편지질 할까 봐"라는 말을 들었던 경우가 상당히 많다. 이상하지 않은가. 남자에게 편지 보낼까 봐 딸에게 한글도 안 가르치던 나라에서 군인에게 위문편지 쓰기는 장려했다는 것이.

성차별 사회가 여성에게 허락하는 편지 쓰기란 무엇인가? 연애편지를 쓰는 것은 안 되고 위문편지는 된다고? 사랑하는 남자에게 쓰거나 나의 힘든 상황을 친정에 알려 구조를 요청하면 안 되고, 군인 남성을 위안하는 목적으로 쓰면 괜찮다고? 남고는 군부대와 '형제' 결연을 맺어 위문편지를 쓰거나 댄스 공연을 하러 가지 않는데, 왜 여고만 '자매' 결연을 맺고 그런 활동을 해야 하는가? 국군 장병에게 고마운 마음을 가지는 것은 모든 시민에게 보편적으로 요구되는 바다. 그런데 왜 유달리 여성, 그것도 어린 여성에게만 '위문'의 의무가 강제될까?

1937년, 일제는 노동력과 원료를 제공받고 상품 시장이 될 식민지를 확보하기 위해 중일전쟁을 일으켰다. 전선이 확장되면서 물자와 인력이 부족해지자, 일제는 전 국민에게 전쟁에 협력할 것을 강제한다. 여성 동원도 강요되었다. 일본 여성들은 여성 단체에 의무적으로 가입해서 여성의 권리 신장이 아니라 전시 국가의 국민이자 어머니이면서 주부인 동시에 노동자라는 네 가지 역할을 완벽히 하자는 운동에 참여해야 했다.

당시 여성을 동원하면서 내건 슬로건 중 하나는 "군인은 생명을 걸고, 우리는 다스키(襷, たすき, 일본 전통 복장을 하고 일할 때 옷소매를 고정시키는 끈)를 걸고"였다. 그러나 전쟁터로 떠난 남성들 대신에 집 밖에서 일하게 되었다고 해서 여성의 지위가 높아진 것은 아니었다. 성별 분업과 차별은 여전했다. 여성들은 공장이나 광산 등 남성의 빈자리에서 노동하는 것 외에도, 병사들을 전송하는 행사에 동원되었다. 센닌바리千人針와 위문대慰問袋를 손바느질해서 만드는 일도 해야 했다. 센닌바리는 전쟁에 나간 병사들이 살아 돌아오길 빌며 1,000명의 여자가 붉은 실로 무운장구武運長久라는 글씨를 한 땀씩 수놓아 만든 허리띠다. 여성의 생명력에 대한 믿음이 반영된 위문품으로, 병사가 몸에 지니면 총알도 비껴간다며 여성들에게 만들게 했다. 위문대는

끈으로 입구를 조이게 만든 주머니인데, 각종 위문품을 넣어 전선으로 보내는 용도였다. 위문대 안에는 위문품과 함께 위문편지가 들어 있었다.

위문편지를 쓰도록 동원된 사람들은 누구였을까? 1937년에 발표된 〈눈물의 위문대涙の慰問袋〉라는 대중가요 가사를 보면 짐작이 간다. 가사 내용은 이렇다. 중국 허베이 지방 전선에 있는 병사가 위문대를 끌러본다. 사랑스러운 어린아이의 편지를 읽고 앳된 단발머리 소녀의 사진을 본다. 덕분에 병사는 밤에 총을 닦으며 전의를 다진다. 성인 남성인 군인에게 위문편지를 써야 하는 사람은 그때나 지금이나 아동과 어린 여성이었다. 이상하다. 왜 군인은 아동과 여성의 위안을 받아야 할까?

일본 여성만이 아니다. 이런 일은 우리나라 여성들에게도 강제로 부과되었다. 1938년 4월에 공포된 국가총동원법은 식민지 조선에도 적용되었기 때문이다. "국가 총동원이라는 것은 전시에 국방의 목적을 달성하기 위해 국가의 전력을 가장 유용하게 발휘할 수 있도록 인적 및 물적 지원을 통제, 운용하는 것을 말한다."(국가총동원법 제1조) 조선 여성들은 식민지 여성이기에 일본 여성이나 조선 남성보다 더한 부담과 의무를 져야 했다. 그 결과, 일본군 성노예로 강제 동원된다.

당시 조선의 학생들은 어땠을까? 1944년 10월에 공포된 학도근로령에 의해 학생들은 행군과 군대식 체조, 방공 훈련을 했다. 여기에 더해 여학생들은 위문대 만들기, 위문문 쓰기, 군수 공장에서 군복을 바느질하거나 군인들의 내복을 빠는 일에도 동원되었다.

이런 역사적 사실은 파시즘 국가의 젠더 분업을 명백히 보여준다. 여성은 미래의 병사가 될 생명을 생산하고 남성을 돌보며 위안해야 했다. 한편 남성은 여성의 위안을 받고 전쟁에 전념한다. 그래서 위문편지는 남성이 아니라 어린 여성과 아동만이 쓴다. 남성은 이들이 쓴 위문편지를 받아야 여성과 아이를 지키는 '진짜 사나이'가 되어 참전의 의미를 받아들이고, 나아가 자신을 강제로 전쟁에 동원한 국가에 저항하지 않게 되기 때문이다.

이런 맥락에서 볼 때, 여고생에게 위문편지 쓰기를 강제하는 것은 시대착오적일 뿐만 아니라 해롭기까지 하다. 어린 여성에게 남성을 위안하는 존재가 되라고 가르치는 성차별 교육이기 때문이다. 물론 남성들에게도 해롭다. 민주 사회에 맞지 않은 파시즘 국가의 젠더 분업을 가르쳐서 군대에 간다는 이유로 남성은 여성에게 평생 위안받아야 한다는 잘못된 사고를 주입하기 때문이다. 이는 남성들이 평등한 동료 시민으로 여성을 대하지 못하게 만든다.

그러니까 앞에서 말한 여고 위문편지 소동의 교사들은 학생을 위하고 보호해야 할 교사이기 이전에, 군대에 다녀왔기에 여성의 위안을 마땅히 받아야 할 남성의 입장에서 학생들을 가르친 것이다. 자신의 주임무를 망각했다는 점에서, 참으로 개탄스러운 일이다.

인류에게는 각 시대와 세대마다 해결해야 할 과거 청산의 과제가 늘 존재한다. 지금 시급히 청산해야 할 것은 구시대적 성차별 교육이다. 더는 어린 여성들을 남성을 위안하는 존재로 가르쳐서는 안 된다.

그렇다고 남성 군 장병을 함부로 대하라는 뜻이 아니다. 대부분의 여성들은 군인을 혐오하지 않는다. 일부 남성들은 여성들, 특히 페미니스트들이 군인을 무시해서 문제라지만, 사실은 그렇지 않다. 연재 칼럼 댓글에서 '늙은 페미년'이라고 공격받는 나도 얼마 전에 제대한 내 조카를 사랑한다. 군대 가기 전에, 휴가 때마다, 전역했을 때도 조카에게 용돈을 주며 행복해했다. 나처럼 남성이 군대에 갈 때 걱정하고 용돈 주던 할머니, 어머니, 이모, 고모는 모두 중노년 여성이다. 페미니즘을 모르는 중노년 여성들도 어느 정도는 페미니스트다. 남자 형제에게 차별받고 교육을 받지 못했다는 한을 갖고 있거나 아버지나 남편의 폭력을 당하고 외도를 목격하며, 이 모든 불행이 개인의 결함 탓이 아니라 구조적 문제라는 것을 깨우쳐 알고 있기 때문이다. 그런데도 '군인에게 고마워하지 않는 괘씸한 페미 여성'으로 중노년 여성들이 아니라 젊은 여성만을 지목하고 공격하는 것은 남성들이 군대에 간 대가로 또래 여성들의 위안을 원하도록 길들여졌다는 증거가 아닐까.

가부장제가 여성에게 씌운
'여적여' 굴레

　《박씨전》은 병자호란을 배경으로 상처 입은 민족적 자존심의 회복을 꾀한 소설이다. 한양에 사는 양반 이득춘은 아들인 시백을 금강산에 사는 박 처사의 딸과 혼인시킨다. 박 처사의 딸은 재주는 뛰어나지만 너무 못생겼다. 시백과 시어머니는 박 씨를 구박한다. 박 씨는 후원의 별당에서 홀로 생활하면서 능력을 발휘해 시댁에 기여한다. 3년이 지나 박 씨가 허물을 벗고 미인으로 변신하자, 비로소 시댁 사람들은 그를 가족으로 인정한다. 여기까지가 소설의 전반부다.

　후반부는 병자호란이 배경이다. 박 씨는 청나라 왕이 조선의 인재를 해치려는 것을 미리 알고 전쟁 전부터 이시백과 임경업을 보호한다. 남편을 통해 전쟁에 대비할 것을 조정에 건의하지만 받아들여지지 않는다. 전쟁이 발발하자, 왕은 남한산성으로 피난한 끝에 항복한다. 박 씨는 적장 용홀대를 죽이고 복수하러 온 용골대에게 호통을 친다. 왕은 박 씨를 충렬부인으로 봉한다.

소설은 전반부와 후반부가 대응을 이루는 구조다. 박 씨의 진가를 몰라보고 못생겼다고 구박하다가 미인인 본모습을 드러내자 그제야 잘해주는 남편 이시백은 전반부의 한심남이다. 소설 후반부의 찌질남은 인조다. 전쟁이 코앞에 닥쳤는데도 인재를 제대로 알아보거나 활용하지 못하다가 패전하는 한심한 왕이기 때문이다.

하지만 민중들이 이 소설을 즐길 당시는 왕조 시대이니, 함부로 왕을 욕하거나 평가할 수 없다. 가부장제 유교 사회였기에 시아버지 이득춘이나 남편 이시백도 그다지 부정적으로 서술되지 않는다. 대놓고 어리석게 그려지는 인물은 여성인 시어머니뿐이다. 시어머니는 며느리를 "추악한 박 씨"라고 부르며 구박하는 반면, 시아버지는 박 씨를 감싸준다. 아니, 가부장제의 정점에 있는 사람은 시아버지인데 왜 시집살이는 시어머니가 앞장서서 시키는 것일까?

성폭력 등 남성으로 인한 폭력을 고발하는 글을 쓸 때마다

"여자가 더 심하다. '여자의 적은 여자'라는 말이 있지 않느냐? 시어머니의 폭력은 왜 고발하지 않는가?"라는 말을 듣곤 했다. 사실 예로 들 만한 사건은 이미 많이 수집해놓았다. 제보받을 것도 없이, 주변의 사례만 해도 차고 넘친다. 그러나 도덕적 측면에서 실제 사례를 들기보다는 소설 속 허구의 인물이나 역사 속 인물을 예로 들어 설명하려 한다. 그래서 이번에는 《박씨전》 이야기로 시작했다.

어쨌든 시어머니들은 왜 그럴까? 가족에게 헌신적이고 신앙 생활도 모범적이고 봉사까지 하는 선량한 분들인 경우에도 왜 며느리에게만 부당하게 대하고 폭력적으로 구는 걸까?

20세기 초까지 유럽 상류층의 남자아이들은 드레스를 입었다. 그러다가 반바지를 입고, '브리칭Breeching'이라는 착복식을 거쳐 성인 남성의 긴바지를 입었다. 이 풍습은 드레스를 입히고 여자처럼 취급하는 아기 남성에서 반바지 입는 예비 남성, 긴바지를 입는 진짜 남성이라는 단계적인 남성 권력의 서열을 상징적으로 드러낸다.

그렇다면 영원히 드레스를 입어야 했던 여성들은 어떻게 해야 권력을 가질 수 있을까? 가부장제 사회의 여성은 육체를 통해, 즉 남성과의 혈연관계나 성관계 등을 통해 권력을 얻을 수 있다. 그러니까 아버지나 남편, 아들과의 관계로 인해 권력이 생긴다는 말이다. 편의상 이를 공주, 왕비, 대비 권력이라 칭하겠다.

강력한 권력자의 딸로 태어나는 것은 마음대로 되는 일이 아니다. 잘난 남편과의 결혼을 통해 얻는 권력이란 남편의 마음이 바뀌면 언제든지 빼앗긴다. 아무리 내조를 잘해봤자 남편이 성공하지 못하는 경우도 많다. 그러므로 공주 권력과 왕비 권력은 불확실한 권력이다. 가장 안전하고 강력한 권력은 아들을 낳아 '대비 권력'을 갖는 것이다. 가부장제에서 남성은 각 가정의 왕이기 때문이다. 출세하지 못한 아들이어도 상관없다. 남성으로 태어난 것 자체가 권력을 획득한 것이기에, 아들은 남자로 낳아준 친어머니의 은혜에 평생 고마워해야 하니까. 고부간에 다툼이 생기면 시어머니가 "감히 시어머니에게 대들어? 네 서방을 낳아준 나에게!"라고 며느리를 야단치는 이유다. 남편은 왕이고 시어머니는 대비이므로.

역사적으로 대비 권력을 강력히 행사한 사례가 있다. 오스트리아 황제 프란츠 요제프 1세는 자신을 큰아버지에 이어 황제로 만들어준 어머니 조피 대공비에게 휘둘려 아내 엘리자베트 황후를 불행하게 만들었다. 우리나라 역사에도 비슷한 예가 있다. 인수대비는 아들 성종을 조선의 왕위에 올린 후, 며느리 (폐비 윤씨라 불린다)를 미워하여 폐위와 사사賜死에 앞장섰다.

무리한 예일까? 조피 대공비와 인수대비는 왕실의 진짜 대비였으니 일반 가정과는 다를 것 같지만, 그렇지 않다. 권력이란 상대적인 것이다. 엄격한 가부장제 가정에서 서열이 가장 낮은 자는 시집온 타성他姓바지 여성이다. 그 여성이 상대적으로 높아지려면 성이 다른 어린 여성이 그 집에 시집와야 한다. 그리하여 일반 가정의 시어머니도 아들을 결혼시켜 며느리를 얻으면 대비 권력을 갖는다. 이해하기 쉽게 예를 들어보자. 성차별이 심한 가정의 경우 아버지 생신 때는 어머니가 미역국을 끓이고 생일상을 차리지만, 어머니 생신 때는 아버지가 미역국을 끓이지 않는다. 아들도 하지 않는다. 어머니 본인이 해야 한다. 어머니는 아들이 결혼한 후에야 며느리가 차린 생일상을 받는다. 며느리가 최하층으로 들어왔기에 드디어 본인의 서열이 높아진 것이다. 그렇기에 결혼하지 않은 성인 아들이 본가에 가면 아버지보다 어머니가 결혼을 재촉하는 것이다. 아버지는 어머니라는, 이미 자신보다 서열 낮은 여성을 거느리고 있기에 아들의 결혼이 늦어져도 큰 불만이 없다.

대비 권력을 휘두르고 말고는 오직 시어머니 본인의 선택에 달려 있으니, 아무리 21세기라도 성차별 사회의 며느리는 상대적으로 약자의 처지에 놓인다. 시어머니는 며느리에게 간섭하고 심술부리면 본인의 지위가 올라서 권력자가 된 쾌감을 느낄 수 있으니, 굳이 권력 행사를 자제할 필요가 없다. 물론 모든 시어머니가 잘못한다는 말은 아니다. 시어머니가 일부러 못되게 굴려는 게 아니라 평소 보고 들은 대로 행동하는 것만으로도 며느리에게는 폭력으로 느껴지는 경우가 많을 뿐이다. 이 사회가 워낙 성차별 문화에 젖어 있기 때문이다.

《박씨전》의 박 씨는 구박을 받으면서도 시댁을 위해 능력을 발휘한다. 하루 만에 시아버지의 관복을 짓고, 남편이 장원급제하게 돕는다. 천리마를 싸게 샀다가 되팔아 큰돈을 벌기도 한다. 약자는 그 존재만으로는 존중받지 못하고 강자 집단의 이익에 기여해야 그 집단 성원으로 인정받기 때문에 아주 사실적인 묘사다. 전쟁에서 공을 세워야 노예가 양민으로 신분이 상승하듯, 며느리도 시댁에서 오래 노동하고 아들을 낳아야 인정받는다. 그동안 며느리를 구박하여 시댁에 복종하게 길들이는 악역은 시어머니가 맡는다.

이러한 어머니의 대비 권력 행사를 통해 아들은 이득을 본다. 인수대비도 아들 성종이 반대하는데 홀시어머니의 심술로 며느리 윤비를 죽인 것은 아니다. 성종은 효도를 핑계로 인수대비를 내세워 싫증 난 아내를 제거했다. 독실한 불교신자인 인수대비가 정업원의 불상을 불태운 유생을 엄벌하라고 권할 때는 아녀자의 말이라고 성종이 무시한 사실을 보면, 대비 권력은 오직 가부장의 이익을 위해서만 행사할 수 있음을 알 수 있다. 바로 이 점이 시어머니가 며느리에게 다른 일보다 아들의 밥을 잘 챙기는지를 가장 심하게 간섭하고 감시하는 이유다. 대비의 권력은 내명부 관리에만 미치기 때문이다. 아들에게는 내리사랑, 며느리에게는 내리 구박. 그렇다, 대비 권력은 가부장제가 여성에게 부여하여 행사하기를 장려하는 유일한 권력이었다.

그래서 시어머니의 권력이 강한 사회일수록 성차별이 심하고 여성 인권이 낮다. 결혼 지참금 문제로 신부 살해 사건이 자주 일어나는 인도의 경우를 보자. 인도 국립범죄기록사무국 NCBR에 따르면 2020년 한 해에 7,000명에 달하는 여성이 지참금 때문에 사망했다. 이 경우에도 며느리를 구박하고 살해를 주도한 사람은 시어머니였다. 인도의 여성 인권은 낮은 것으로 유명하다.

일제 강점기에 조선인 마름은 일본인 지주에게 잘 보이려고 같은 동포인 조선인 소작인들에게 더욱 가혹하게 대했다. 마름 덕분에 일본인 지주는 이익을 보았다. 이를 조선인의 적은 조선인, '조적조'라며 비웃을 수 있을까? 식민 지배 구조는 비판하지 않은 채 말이다.

결국 시어머니의 폭력 문제는 '여적여' 현상이 아니다. 가해자가 남성이든 여성이든, 여성에 대한 지배와 폭력을 통해 가부장제가 유지되게끔 하는 구조의 문제다. 여성의 범죄를 더욱 엄격히 단죄하는 이 사회가 시어머니의 폭력에는 속수무책 방관하는 이유가 여기에 있다. 시어머니의 권력 행사는 가부장제의 유지 및 강화에 도움이 되기 때문이다.

그렇다고 어르신들과 싸울 필요는 없다. 시어머니가 자기 아들에게 밥을 제대로 안 해준다거나 아들을 못 낳았다며 며느리를 구박하는 것은 결국 "이 사회에서 여자라고 차별받았지만 나는 내 할 일을 다 했다. 남자들 밥도 잘 챙겼고 아들도 낳았다"라는 자기 자랑이다. 본인보다 서열이 낮은 사람 앞에서 평생 구겨진 마음 한번 펴보는 한풀이다. 성차별 사회의 여성은 남성에 대한 사랑과 희생 및 봉사를 통해 인정받기에, 무뚝뚝한 남편 대신 아들에게 애정을 표현하며 살아온 평생 버릇을 아들이 결혼했다고 해서 바로 버리지 못하기에 그렇게 구는 것이니 "네, 어머니는 정말 훌륭하세요!"라며 맞장구친 후 전화를 끊으면 된다.

단지 이제부터라도 이 잘못된 관계의 패턴을 더는 대물림하지 않겠다고 다짐해보자. 한 인간을 미워하기보다 구조를 바꾸는 데 힘쓰는 편이 낫다. '여적여'라는 말은 구조를 가리고 약자인 개인을 비난하는 말이므로 더 이상은 쓰지 말자. 우리는 다른 시대를 열어갈 다른 이야기를 알고 있기 때문이다.

남성들은 왜
어머니를 욕하는 말에 흥분할까?

　남성들을 보면 신기하다. 어머니에 대해 양가감정을 갖는 여성들과 달리, 무뚝뚝한 중노년 남성들도 어머니를 떠올리자마자 눈빛이 아련해질 만큼 어머니를 사랑한다. 그런데 남성들의 평소 언행을 보면 진심으로 어머니를 사랑하는 것인지 의심스럽다. 왜 이럴까?

　우선 남성들이 "어머니를 사랑한다"라고 말하면서 자신의 어머니에 대해 아는 것이 별로 없는 경우가 많아서 놀랍다. 이 말이 심한 것 같다면, 주위 남성들에게 물어보길. 어머니의 어렸을 적 꿈이 무엇이었는지, 어머니가 학창 시절에 무슨 과목을 잘했는지, 무슨 색깔을 좋아하는지, 감명 깊게 본 영화는 무엇인지 등등. 그러면 놀라울 정도로 어머니에 대한 정보가 없다는 사실을 확인할 수 있을 것이다.

젊은 남성들의 경우를 보자. 게임하다가 듣는 '엠창'(어머니가 창녀)이라는 말에 화를 내면서도 좋아하는 게임에 대한 정보와 비교해보면 초라할 만큼 어머니에 대해 아는 것이 없다. 돌아가신 어머니를 애틋하게 그리워하는 중년 남성들도 그렇다. 어머니가 가수 남진과 나훈아 중에서 누구를 더 좋아했는지도 모른다. 이상하다. 사랑하는 사람이라면, 더구나 세상에서 둘도 없이 귀한 어머니라면, 당연히 많은 것을 알고 있어야 하는 것 아닌가.

돌아가신 어머니를 회고하며 "나의 어머니는 참 훌륭한 분이셨다"라고 증언하는 중노년 남성들에게는 물어보라. "어떤 점에서 훌륭하셨나요?" 그러면 "본인도 굶주리면서 가난한 이웃에게 쌀을 나눠주었다. 그래서 존경한다"와 같은 증언이 나오는 경우는 많지 않다. 대부분은 "나를 낳아 키워주고 사랑해주셨다"라는 답이 돌아온다. 그렇다면 나에게 잘해주었으니 훌륭한 사람이라는 뜻인데, 정말 이상하다. 결국 '대단한 나를 잘 돌봐준 사람이니까 훌륭하다'는, 나르시시즘에 기반한 사고이기 때문이다.

거기에 더해, 많은 남성들은 그렇게나 사랑한다고 말하는 어머니와 본인의 관계에 대해 이상한 관념을 갖고 있다. 흔한 고민 상담 사례를 살펴보자. 남자 친구나 결혼을 앞둔 예비 신랑이 "나는 아침밥을 꼭 먹어야 한다. 지금까지 엄마가 차려준 아침밥을 30년간 받아먹었으니, 결혼하면 네가 아침밥을 차려 달라"라고 하는 바람에 고민이라는 여성의 사연이 많다. 여기에 성평등과 가사노동 분담을 비롯하여, 먹고 싶은 사람이 차려 먹어라, 시리얼이나 빵을 먹으면 편하다는 의견이 댓글로 달리곤 한다.

물론 다 일리 있다. 그러나 본질적으로는 관계에 대한 프레임을 깨야 하는 문제라고 생각한다. 지금까지 엄마가 차려준 밥을 먹었으니 결혼 후에는 아내가 차려주는 밥을 먹겠다니? 이 사고방식 자체가 이상하고 잘못된 것이다. 단지 맞벌이하는 현실이라든가 성평등 시대에 맞지 않다는 문제가 아니다. 어머니와 아내를 포함한 여성 전체를 어떤 집단으로 바라보는가? 바로 이 점이 중요하다.

엄마가 해준 밥을 먹고 30년간 지낸 것은 엄마와 아들 사이의 관계다. 아내가 될 사람과는 아무 상관 없는 문제다. 만약에 친구 1이 내 생일에 선물을 주면, 나는 그다음에 어떻게 행동해야 할까? 그에 대한 답례로 친구 1의 생일에 선물을 주어야 한다. 친구 2에게 가서 "친구 1이 나에게 선물을 주었으니 나는 너에게도 선물을 받아야겠어. 나는 늘 선물을 받는 인간이니까"라고 말하지 않는다. 그게 인간관계의 기본이다.

이와 마찬가지다. 그동안 어머니가 해준 밥을 먹고 성인이 되었으면, 감사하며 앞으로는 요리를 배워서 어머니에게 밥을 해드리겠다거나 외식을 시켜드리겠다는 식으로 어머니와의 관계에서 정산하는 게 맞다. 아내와의 관계는 둘이 새롭게 만들어가야 한다. 그런데도 어머니에게 받은 것을 아내에게도 받아내는 것이 당연하다고 생각하고 요구하는 건 매우 이상하다.

왜 그럴까? 왜 남성은 자신을 항상 밥상을 받는 존재로 여길까? 그 이유는 어머니를 포함해서 모든 여성을 동등한 인간으로 보지 않고 밥하는 노예로 보기 때문이다. 남성인 주인의 권리니까, 기존에 한 여성 노예에게서 받은 서비스를 새로 구입한 다른 여성 노예에게서 받아내는 것을 당연시하는 것이다. 그러니 예전 노예, 즉 어머니의 어릴 적 꿈이 무엇이었고 무슨 과목을 좋아했는지 궁금할 리가 없고, 들었다고 해도 기억할 리가 없다.

남성들의 어머니 예찬 타령을 접하면 이상한 것이 또 있다. 사랑하는 어머니의 생애를 이해하기보다는 이를 이용해 남성인 자신의 이익을 챙기려 드는 현상이다. "어머니 세대 여성들은 고생하면서도 가족을 위해 희생했는데, 요즘 여성들은 이기적이어서 그렇지 않다"든가, "우리 할머니/어머니는 아기 낳고도 바로 밭일을 했는데, 요즘 여자들은 편하게 산다"는 말을 중년 여성이라면 현실의 또래 남성들에게 육성으로 들었을 것이다. 심지어 20대 젊은 남성들도 이런 말을 하는 경우가 있어서 들을 때마다 괴이할 정도다. 이 역시 어머니를 포함한 여성 집단 전체를 노예 집단으로 여긴다는 증거이므로 조용히 사례를 수집하고 있다.

어머니 세대 여성들이 고생하고 희생했다는 사실을 인정한다면, 어머니에게 본인이 잘해드려야 하는 것이 옳다. 아내에게 대리 효도를 시킬 게 아니다. 아기를 낳고도 바로 밭일하러 나가신 할머니/어머니가 생각난다면, 월급으로 보약이라도 한 재 지어드리는 것이 옳다. 그런데 그렇게 행동하지 않는다. "할머니, 어머니도 고생했으니 요즘 젊은 여성들도 고생해야 한다"라고 주장할 뿐이다. 이런 논리는 "모든 여성은 남성을 위해 희생하고 일하는 존재이니 차별받고 고생해도 참아야 마땅하다"라는 인식, 즉 여성들을 노예 집단으로 여기는 망탈리테에서 나오는 말이다. 미개할 뿐만 아니라, 평생 차별받고 고생한 어머니를 제대로 이해하고 사랑하는 사람이 할 말은 아니다.

　이런 잘못된 망탈리테는 현실 여성들에 대한 폭력으로 이어지기에 더 큰 문제다. 사랑을 받아봐야 사랑을 줄 줄 안다는 말이 있는데, 일부 남성들을 보면 그렇지도 않은 것 같다. 그렇게나 어머니의 극진한 사랑을 받고 자랐으면, 받은 사랑을 세상에 돌려줄 생각을 해야 옳지 않을까? 오히려 "내 어머니는 나를 최고로 여기는데, 같은 여자인 너는 왜 내게 잘해주지 않느냐? 왜 내 요구에 응하지 않느냐?"라며 나르시시즘에 도취하여 폭력적인 말과 행동을 하는 남성이 많다. 대학 시절 미팅에서 상대 여학생에게 거부당한 경험을 떠올리며, 몇십 년이 지나고도 "이대 계집애들 싫어한다. 꼴 같지 않은 게 대들다니 패버리고 싶다"라고 말한 어느 정치인의 예를 보면 이해하기 쉽다.

　그래서인지, 한국 남성 작가들이 쓴 문학작품을 보면 어머니의 젖가슴이 많이 등장한다. 더불어 누이의 젖가슴도. 왜 그럴까? 성인 남성이 합법적으로 예찬할 수 있는 젖가슴은 아내의 젖가슴일 텐데, 왜? 어머니와 누이는 자신을 위해 희생하는 존재이지만, 아내는 자신만 위하지 않고 자식들을 우선해서 돌보기 때문이다. 본인의 나르시시즘을 만족시키는, 본인만을 위해주는 여성은 어머니와 누이이기에, 다 늙어서도 그 둘의 젖가슴만 찾고 그리워하는 남성들이 있는 것이다. 이는 문학적 완성도를 떠나서, 매우 미성숙한 사고방식이다.

처음으로 돌아가자. 실상은 어머니를 진정으로 사랑하지도 않고 같은 급의 인간으로 여기지도 않으면서, 왜 어머니의 신분을 창녀라고 욕하는 말에는 분개하는 것일까? 어머니의 명예를 지키기 위해서?

아니다. 싸울 때의 욕설이란 바로 눈앞의 상대를 가격하기 위한 것이다. 그 욕설의 목적은 멀리 있는 상대 어머니를 욕보이는 것이 아니라, 상대방이 창녀의 자식이니 종놈이라고 욕하는 것이다. 노비종모법(양반과 노비 사이 또는 양민과 노비 사이의 소생은 그 어미의 신분을 따르게 한 법)에 의하면, 사람의 신분은 어머니를 따른다. 결국 어머니의 신분을 들먹이는 욕은 "너는 여기에서 나와 싸울 자격도 없는, 나와 같은 계급에 속하는 인간이 아니니 썩 꺼지라"라는 뜻이다. 그러니 이 욕설에 분개하는 것은 어머니에 대한 사랑과 상관없다. 자신을 세상에서 가장 고귀한 존재로 여기는 유아적인 나르시시즘이 상처받은 탓이다. 그게 아니고 진심으로 어머니의 명예 때문에 분노한다면, 어머니를 평소에 밥하는 노예 집단에 속하는 여성으로 여길 리가 없다. 고생한 어머니에게 효도하는 데 본인이 아니라 아내를 이용할 생각을 할 리가 없다. 밥 안 차려준다고 어머니를 때려죽이는 남성들에 대한 기사가 이렇게나 많이 검색될 리가 없다.

그러니 "나는 어머니를 사랑하니까 여성 혐오자가 아니다"라는 말은 그만하고, 남성들이 한 인간으로서 진심으로 어머니를 존중하고 사랑하는 방법을 배우길 바란다.

일부러 굽은 솔로
만드는 이유는?

"굽은 솔이 선산 지킨다"라는 속담이 있다. 곧게 잘 자란 소나무는 궁궐 건축 등에 귀하게 쓰여야 하기에 한양으로 보내지는데, 구불구불하고 볼품없게 자란 소나무는 가치가 없으므로 그 자리에 남아 선산을 지켰기에 생긴 말이다. 큰일 하느라 바쁜 잘난 자식 대신, 못난 자식이 부모를 봉양한다는 의미로 쓰인다. 이 속담을 들을 때마다 마음이 아프다. 아들이 아니라고 차별받거나 못났다고 구박받으며 자란 여성들이 떠오르기 때문이다.

소설 《작은 아씨들》은 네 자매가 모여 크리스마스 선물을 못 받는다고 불평하는 장면을 시작으로 자매들이 성장하여 남편, 아이, 제자와 함께 어머니의 환갑잔치를 열어주는 것으로 끝난다. 소설 속의 조는 작가인 루이자 메이 올컷의 분신이다. 조의 자매인 메그, 베스, 에이미는 루이자의 실제 자매인 애나, 베스, 메이였고, 조의 부모인 마치 부부는 루이자의 부모인 올컷 부부가 모델이었다.

루이자 메이 올컷은 1832년 미국 펜실베이니아에서 아모스 브론슨 올컷과 애비 메이 올컷의 둘째 딸로 태어나 1888년에 56세로 사망할 때까지 보스턴과 콩코드에서 살았다. 19세기 전반, 미국의 콩코드 지역에는 랠프 월도 에머슨, 헨리 데이비드 소로 등 초월주의 철학가로 불리는 사상가들이 모여 있었다. 특히 여성주의 교육자인 마거릿 풀러와의 교제는 어린 루이자에게 깊은 영향을 남겼다. 루이자는 철학자인 아버지와 아버지의 동료들을 평생 존경했다.

하지만 현실적으로 무능력한 아버지가 이끄는 가정에서 살아가는 것은 존경과는 별개로 힘든 일이었다. 이상주의자였던 아버지는 여러 곳을 옮겨 다니며 학교를 세웠지만, 학교는 곧 문을 닫곤 했다. 학교 설립을 위한 모든 시도가 좌절된 후, 올컷 가족은 1843~1844년에 농장에서 생활한다. 하지만 아버지의 이상 실험은 멈추지 않았다. 아버지가 고기 등 동물성 음식은 금지했기에, 가족은 반년 동안 누룩을 넣지 않은 빵과 죽,

물만 먹으며 일했다. 동물 착취도 금지했기에, 털실을 이용할 수도, 농사에 가축을 이용할 수도 없었다. 힘들게 일하는 생명체는 말이나 소가 아니라 아내와 딸들이었다. 추위와 영양실조로 이상촌 건설은 6개월 만에 실패로 끝났다. 이후 가족은 어머니가 유산으로 받은 집이 있는 콩코드로 이주했다.

가족은 늘 생계가 곤란했다. 애나와 루이자는 집에서 아버지에게 교육받은 후 경제 활동에 나섰다. 막내 메이만 학교에 다닐 수 있었다. 루이자는 삯바느질도 하고 가정교사로 일하며 생활비를 버는 한편, 다락방에서 글을 썼다. 1868년, 《작은 아씨들》이 크게 성공한 덕분에 올컷 가족은 드디어 가난에서 벗어났다. 이후 루이자는 속편 격인 《조의 아들들》(1886)을 비롯해서 30여 편의 소년소녀 가정 소설을 창작했다.

《작은 아씨들》이 성공한 후 아버지는 루이자가 새로 꾸며준 서재에서 독서와 사색, 집필을 하며 여전히 이상만 추구했다. 소설 속 훌륭한 목사님이자 아버지인 마치 씨의 모델로 유명세를 누리면서 강연 요청을 받기도 했다. 가족을 돌본 사람은 루이자였다. 남편과 사별한 언니 애나와 조카들을 부양하고, 화가 지망생인 막냇동생 메이를 프랑스에 유학 보낸 후, 메이가 죽은 후에는 조카를 데려다 키웠다. 가족을 부양하기 위해 루이자는 오른손이 아프면 왼손으로 글을 썼다. 이런 작가의 모습이 안쓰럽다. 부모에게 인정받기 위해, 사랑받기 위해 노력만 하다가 자신의 인생을 제대로 살지 못한 딸들의 모습이 보인다.

아버지 브론슨 올컷은 둘째 딸 루이자를 타고난 심성이 거칠다며 엄격하게 대했다. "규율 따위는 상관없이 자기 본능에만 충실하다"며 겨우 1살 난 루이자를 혹평한 적도 있었다. "엄마를 닮아 문제가 있다"라는, 부모라면 절대 자녀에게 하지 말아야 할 말까지 어린 루이자에게 수시로 내뱉었다. 아내와 루이자는 갈색 머리여서 자아가 강하고 악마 같은 성격을 가졌다고 말하기도 했다. 브론슨은 금발이었기에, 결국 자기만 잘났다는 소리다. 아버지로서 기독교적 이상에 맞는 유순하고 희생적인 사람으로 엄격히 교육하려는 의도라지만, 결국 아버지에게 순종하는 딸로 만들려 했다는 뜻이다.

우리는 안다. 밖에서는 진보적 인사로 존경받지만, 집에 돌아와 아내와 딸 앞에서는 한없이 구식 사내였던 많은 아버지를. 브론슨 역시 그랬다. 딸의 능력과 수고를 제대로 평가해주지 않고 늘 비난했다. 자신이 져야 할 가족 부양의 의무를 그녀에게 전가하면서도, 상업적인 소설을 쓴다고 딸을 못마땅하게 여겼다. 이런 아버지의 모습은 소설 《작은 아씨들》의 조와 결혼한 바에르 교수의 모습에 반영되어 있다. 바에르 교수는 조의 글을 맹렬히 비판한다. "이런 책을 읽으니 차라리 조카들에게 화약을 주겠소!" 어려서 아버지의 눈치를 보며 자신의 행동을 검열하던 루이자는 작가가 되어서는 아버지의 숭고한 이상에 맞춰 자신의 원고를 스스로 검열하는 버릇이 든 것이다.

"두려워요. 인생을 망치고 모두에게 미움을 받을 것 같아서요. 오, 엄마! 저 좀 도와주세요, 제발요!" 소설 《작은 아씨들》에서 주인공 조는 자신을 부정적으로 바라본다. 사랑받지 못하고 평생 혼자 외롭게 살까 봐 두려워한다. 이때 조를 위로해주는 사람은 어머니인 마치 부인이다. 작가인 루이자도 그랬다. 아버지가 자신에게 심어놓은 부정적 자아상 때문에 고민할 때면 어머니의 위로를 받곤 했다. 어머니인 애비 메이 올컷은 딸들에게 "가난해서 결혼 시장에서 선택받지 못한다면 자존심 있고 당당한 독신녀로 살라"라고 권하는 등, 시대를 앞서간 사람이었다. 여권 운동가이기도 해서, 루이자 역시 어머니의 영향으로 여성 투표권을 위해 싸우기도 했다. 다행히도 루이자에게는 훌륭한 어머니가 있었다.

또 다행인 점이 있다. 작가는 가족 부양을 위해 쓰기 싫은 소설을 쓴다며 가족을 원망하지 않았다. 루이자는 소설 쓰기를 즐겼다. 기독교 정신이 넘치는 교훈적인 가정 소설은 본명으로 내고, 그늘진 환경과 성격을 가진 여자가 자신의 욕망을 추구하는 고딕 스릴러 소설은 가명을 쓰기도 했다. 성실하고 사랑스러운 가정교사의 가면을 쓴 악녀 이야기인 《가면 뒤에서 Behind a Mask》가 대표적이다. 아버지의 이상은 딸의 이상이 아니었고, 딸은 아버지 몰래 쓰고 싶은 글을 썼다. 덕분에 그나마 숨을 쉴 수 있었던 건 아닐까.

대개 부모가 사망하면 부양 의무와 함께 부모의 부정적 영향에서 벗어나지만, 루이자에게는 그런 기회조차 없었다. 죽는 순간까지 아버지를 돌봐야만 했다. 루이자는 아버지가 죽고 나서 이틀 후에 세상을 떠났다. 결국 아버지는 딸의 소설과 인생을 평생 검열한 셈이다. 왜 그랬을까? 어릴 때야 그랬다 치더라도, 딸이 성공한 작가가 된 후에도 왜 그래야만 했을까?

"굽은 솔이 선산 지킨다"라는 속담을 떠올린다. 세상에는 이런 종류의 사람이 있다. 내 곁의 사람이 능력을 펼치러 떠날까 봐 일부러 '굽은 솔'로 만들어 나라는 '선산'을 지키게 만드는 사람이, 늙은 자신을 무시하고 봉양하지 않을까 봐 자식 중 하나를 어려서부터 구박해 길들이는 부모가, 자신을 무능력하다고 비웃을까 봐 아내와 자식에게 폭력적 언행을 하는 가장이,

자신이 못나 보일까 봐 친밀한 관계에 있는 여성의 능력이나 외모를 깎아내리는 남자가.

　한편 그 반대편에는 무시당했기에 오히려 학대받는 관계에서 도망치지 못하는 사람들이 있다. 못났다고 세뇌당하며 자랐기에 성인이 되어서도 부모에게 인정받기 위해 지나치게 헌신하는 자식들이, 남자 형제와 차별받고 자랐기에 늙은 부모의 수발을 당연히 떠맡는 딸들이, 남자의 사랑을 받지 못하면 실패한 인생으로 여겨서 대가 없이 노력하는 여성들이.

　루이자 올컷이 살았던 19세기와 지금은 얼마나 다를까? 건강하지 못한 관계를 유지하기 위해 사람들, 특히 여성들이 너무 애쓰지 않기를 바란다. 기억하자. 나를 부정적으로 평가하면서도 굳이 나를 옆에 두려는 사람은 나를 '굽은 솔'로 만들어 이용하려는 사람이라는 사실을.

대중이 원하는 이미지에 가려진 헬렌 켈러

　여기, 열정적으로 연설하는 한 사람이 있다. 조국인 미국이 제1차 세계대전에 개입하는 것에 반대한다. 세계 평화를 위해 참전한다는 대통령의 말을 비판하고, 전쟁은 자본의 이익을 위해 노동자들을 희생시킨다며 열변을 토한다. 2,000여 명의 청중으로부터 우레 같은 박수를 받는다. 미국 사회주의 운동과 여권 운동, 반전 운동의 역사에 반드시 등장하는 유명인인 이 사람은 누굴까? 이 사람의 자서전에서 유년 시절의 일화를 보자.

　"선생님은 물이 뿜어져 나오는 꼭지 아래에다 내 손을 갖다 대셨다. 차디찬 물줄기가 꼭지에 닿은 손으로 계속해서 쏟아져 흐르는 가운데 선생님은 다른 한 손에다 처음에는 천천히, 두 번째는 빠르게 '물'이라고 쓰셨다. (중략) 펌프 가에서 있었던 이 사건은 내게 배움의 열의를 불어 넣었다. 모든 사물은 이름을 갖고 있었으며, 각각의 이름은 새로운 생각을 불러왔다."

- 《헬렌 켈러 자서전》에서

그렇다. 이 유명한 사회주의자는 바로 헬렌 켈러다.

헬렌 애덤스 켈러Helen Adams Keller는 1880년 미국 앨라배마에서 태어났다. 그는 19개월 때 심한 열병을 앓고 시력과 청력을 잃었다. 7살 때 가정교사인 앤 설리번을 만났고, 설리번은 이후 50여 년간 켈러와 함께 생활하며 책과 편지, 신문을 대신 읽고 손바닥에 글씨를 써준다. 글자를 배워 의사소통을 하게 된 켈러는 래드클리프 대학을 우등으로 졸업한다. 그의 중복 장애 '극복담'은 세상에 큰 감동을 주었다. 유명 인사가 된 켈러는 작가이자 사회 봉사자로 열정적인 삶을 살다가 1968년에 세상을 떠난다. 위인전을 통해 우리가 알고 있는 그의 일생은 이 정도일 것이다.

중복 장애에도 불구하고 5개 국어를 구사하며 삶의 소중함을 예찬했던 헬렌 켈러의 삶은 인간 승리 그 자체다. 그래서

인지 그의 위인전을 보면 어린 시절의 일화, 설리번 선생과의 만남, 공부를 시작한 후 어렵게 대학을 다니며 우등으로 졸업하는 이야기에 중점을 두는 경우가 많다. 성인기의 삶을 다루더라도 장애인 단체 봉사 활동과 맹인협회 기금 마련을 위한 연설 여행이 더해지는 정도다. 이게 전부일까?

헬렌 켈러는 88세까지 장수했으며 노년에도 왕성히 활동했다. 그런데도 세상에 알려진 대표적인 성취는 소녀 시절 위주다. 성인이 된 이후 세상을 어떻게 생각하고 어떤 발언과 행동을 했는지에 대해서는 많이 알려지지 않았다. 욕망을 지닌 성숙한 여성으로서의 삶이 어땠는지도. 이상하다. 성인이 되기 전 요절한 사람도 아닌데.

시각 장애인을 위문하러 다니던 켈러는 시각 장애인이 빈곤층에 훨씬 많다는 것을 알고 사회 현실에 관심을 두었다. 대학을 졸업할 즈음에는 사회주의자가 되었다. 1909년부터 사회당에 가입해 활동하다가 1912년, 사회주의 신문 〈뉴욕 콜〉에 '나는 어떻게 사회주의가가 되었는가'라는 글을 기고했다. 사람들은 보지도 듣지도 못하는 장애인이 순수한 자신의 의지로 사회주의자가 되었다는 것을 믿지 못했다. 유명인인 헬렌 켈러를 사회주의자가 이용하고 있다는 기사가 신문에 실렸다. 켈러는 즉각 반박한다. "나를 이용하는 것은 자본주의 언론이다."

1912년의 미국 대통령 선거에서 사회당 후보인 유진 뎁스의 선거 운동을 도왔던 헬렌 켈러는 선거에서 패배한 후 사회당이 의회 내 정치에만 신경 쓰는 현실을 비판하고 탈당했다. 곧 전투적 노동조합인 세계산업노동자동맹IWW에 가입했다. 제1차 세계대전이 일어났을 때 미국이 참전을 결정하자 그는 반대했다. "미국 내에 있는 흑인들도 차별하면서 무슨 세계 평화를 지키기 위해 참전하는가?"라며 윌슨 대통령을 질타했다. 켈러는 급진적 사회주의자와 교류하고 러시아혁명을 지지했다. 아동 노동과 사형 제도, 인종차별에 반대했고, 여성 참정권 운동(미국은 1920년에야 여성 참정권을 인정했다)에 나섰다. 매카시즘 광풍이 몰아칠 때에도 몸을 사리지 않고 마녀사냥에 희생당한 사회주의자의 석방을 주장했다. 죽기 전까지 사회주의 운동에 앞장섰기에 공산주의자 사냥을 지휘하던 FBI에서 그에 대한 보고서를 만들 정도로, 헬렌 켈러는 유명한 사회주의자였다.

그런데 켈러의 사회주의자로서의 활동은 우리나라는 물론 고국인 미국에도 잘 알려지지 않았다. 당시 매카시즘과 냉전 현실, 그리고 우리나라 반공 교육의 영향도 있었을 것이다. 그러나 근본적으로는 장애인에 대한 사회의 편견 탓이 아닐까 싶다.

헬렌 켈러는 평생 집필 활동을 했다. 22살에 쓴 《헬렌 켈러 자서전》과 《사흘만 볼 수 있다면》은 베스트셀러가 되었지만, 1913년에 출판한 사회주의에 대한 에세이 《어둠의 밖》은 많이 팔리지 않았다. 5개 국어를 구사하는 켈러가 세계 문학을 원서로 읽고 쓴 문학 비평도 인기가 없었다. 이 사실은 대중이 장애인인 유명인에 대해 원하는 바가 어떤 것인지 보여준다.

대중은 장애인이 세상에 대해 비판하거나 전문적 견해를 드러내는 글보다 장애 '극복'에 대해 간증하는 감동적인 스토리를 원한다. 비장애인들은 장애인의 삶을 부당하게 소비하는 경우가 많다. 고된 삶에 희망을 주는 인간 승리의 주인공으로, 세상은 아직 아름답다고 속삭여주는 순수한 천사로. 88년에 걸친 헬렌 켈러의 인생에서 사회주의자로 활동하던 성인 시절보다 소녀 시절이 훨씬 중요하게 다뤄지는 이유다.

잘 알려지지 않은 사실이 또 있다. 1919년 가을, 켈러는 비서로 일하던 피터 페이건과 사랑에 빠져 함께 도주하려다가 실패했다. 성인이 된 켈러는 키가 크고 관능적인 몸매를 가진 미인이었다. 강한 성 충동을 느낀 적도 있다고 스스로 밝힌 바 있다. 그러나 주위 사람들은 그의 사랑과 성을 인정하지 않았다. 켈러의 어머니는 일찍부터 그 누구와도 절대 사랑에 빠지지 말라고 가르쳤다. 여성의 기능이 출산과 양육인 사회에서 두 가지를 해낼 능력이 없는 장애 여성들은 성관계를 해서는 안 되었기 때문이다.

　더 이상 인형을 품에 안고 선생님의 손바닥에 'd-o-l-l'을 쓰는 소녀가 아니었지만, 대중은 켈러에게서 숭고한 성처녀의 이미지만을 보고 싶어 했다. 한편 친지들은 후원금의 액수를 좌우할 세상의 평판을 의식하여 그의 이미지를 관리했다. 이는 헬렌 켈러의 프로필 사진에 잘 반영되어 있다. 그의 대표적인 사진은 오른쪽 얼굴 반만 보이며 고개를 숙이고 꽃향기를 맡고 있는 젊은 시절의 모습이다. 그의 외모는 균형 잡히고 아름다웠다. 이러한 외모는 켈러가 시각과 청각 장애가 있어서 세상의 더러운 것들을 보고 듣지 못해 더욱 순결한 영혼을 지닌 사람일 것이라는 환상을 불러일으켰다.

　하지만 젊은 날 사진들이 모두 반쪽만 찍혀 있는 데는 이유가 있다. 그의 왼쪽 눈은 튀어나오고 일그러져 있었다. 서른 살에 순회강연을 앞두고 외모 관리를 위해 눈 수술을 받은 후에야 정면 사진이 세상에 알려지기 시작했다. 사람들은 켈러의 맑고 파란 눈을 예찬했지만, 그 아름다운 두 눈은 사실 의안이었다.

이런 이미지 조작은 일차적으로는 헬렌 켈러라는 기업을 운영한 친지들 탓이지만, 근본적으로는 대중들이 여성에 대해 갖는 편견 탓이었다. 여성은 외모가 아름답고 순결해 보여야 더 많은 관심을 받고 지원을 받는다. 여성 장애인은 더하다. 그리하여 헬렌 켈러의 짧고 가슴 아픈 사랑 이야기는 없었던 것처럼 숨겨진다.

헬렌 켈러의 이미지가 '장애를 극복한 인간 승리 소녀'로 굳어진 과정은 많은 생각이 들게 한다. 장애인이 아닌 경우에도 여성 유명인들은 본인의 업적보다 외모와 긍정적 이미지로만 소비되는 경우가 많다. 성차별 사회가 인정하는 여성 위인이란 남성 지배 구조를 위협하지 않을 정도로만 성취하고, 늘 밝고 순수해서 남성의 치어리더 역할을 해야 하기 때문이다. 그래서 어떤 여성을 위인으로 기릴 때 전통적인 성 역할에 맞지 않는 면모, 즉 세상에 대해 비판적 발언과 과격한 행동을 하는 면모, 자신의 성과 사랑을 추구하는 면모는 가려진다.

결국 헬렌 켈러를 억압한 마지막 장애는 비장애인 중심 사회에서 장애인에 대해 갖는, 성차별 사회에서 여성에 대해 갖는 세상의 편견이었다. 그리고 역사상 가장 유명한 장애 여성인 헬렌 켈러를 어린 소녀로만 묘사하는 위인전은 지금까지도 장애

인 성인 여성을 영원한 유아로 여기게 만들어 사회에 나쁜 영향
을 미친다.